人文與民主

全新編輯校對

余英時

導讀

給台灣的最後建言

顏擇雅（出版人）

新版《人文與民主》除了自序，收入的十一篇文章，七篇亦有收在台灣、香港的他種余英時文集[1]，其餘四篇則是只此一家，別無分號。舊版沒有的〈從科學民主到人文民主〉，是我特別建議時報文化出版要在新版加入的。原因很簡單，這篇二〇一九年講詞算是二〇〇八年〈人文與民主〉講詞的延續。〈人文與民主〉又是一九八八年〈民主與文化重建〉一文的延續。再往上溯則是一九八四年〈文化重建私議〉。既然同一主題

1 〈人文與自然科學應如何均衡發展〉、〈文化建設私議〉、〈「對塔說相輪」〉、〈「對塔說相輪」補篇〉四文已收入一九八八年允晨文化版《文化評論與中國情懷》。〈民主與文化重建〉有收入一九九二年三民版《中國文化與現代變遷》。〈民主觀念與現代中國菁英文化的式微〉有收入二〇〇八年聯經版《人文與理性的中國》。〈中國思想史研究綜述——中國思想史上四次突破〉是二〇〇七年的新文章，除了收入本書，也有收入同時問世的牛津版《中國文化史通釋》。

前面幾篇都已收進本書，新版當然應該加入最後這篇。

二〇一〇年舊版，出書用意顯然是為了把二〇〇八年訪台期間的三場演講整理付梓。三篇分別是發表於中研院的〈「國學」與中國人文研究〉，發表於政治大學的〈台灣人文研究之展望〉，還有中央大學的〈人文與民主〉。重複收入的七篇則是他本人挑選。原因，可不是他手邊沒別的文章可收。余英時最不缺的，就是未結集文章。即使今天，都過世一年了，那些文章只要有人出面蒐羅，編出個兩本絕不成問題的。因此，重複入選一定有余英時的道理。

「人文研究」與「民主」部份的四篇舊文，道理比較明顯，因為都跟二〇〇八年演講有明顯脈絡關係。「思想」部份的三篇，則較不明顯。

三篇裡的第一篇〈中國思想史研究綜述——中國思想史上四次突破〉是二〇〇七年在名古屋大學發表的演講，場合是日本中國學會五十九屆大會。在余英時的四篇學思歷程自述中[2]，這篇是學術內容最紮實的，為他的思想史著述提供了一把最佳鑰匙。

但余英時把它選進本書，原因應該是它正好體現了〈台灣人文研究之展望〉中的呼籲，就是重建自身文化不該強套西方公式。另外，〈對塔說相輪〉兩篇則展現他一貫對西方思想動態的關注。三篇並陳，正好呼應〈「國學」與中國人文研究〉的主題，也就是他借用王國維的話所強調的，中學、西學應該「風氣既開，互相推助」。

對余英時來說，要避免蹈入「西方中心論」的陷阱，最好方式就是把西方理論讀通，讀活，讀到既知其然，又知其所以然。

二〇〇八年是余英時獲得克魯格獎後第一次來台參加院士會議。對於演講，他一向是有被邀請，時間能夠配合就盡量配合的。這次，已經答應演講了，沒想到一下飛機，就身體出狀況，被送進醫院，要搭機返美才辦出院。整趟台灣行，每晚陳淑平（余夫人）也陪他睡醫院裡。已承諾的三場演講，每次都是主辦單位派車來接，演講完再把他倆送回醫院。期間余英時受到腎臟內科權威陳振文（後來的為恭醫院院長）、腫瘤醫學權威閻雲（後來的台北醫學大學校長）很好的照顧。陳淑平特別要我寫出他們名字，作為感念。

日後，陳淑平跟我說起這場病，總說：「幸好是在台灣發病，因禍得福！」原來，〈人文與民主〉那場，本來是要跟楊振寧對談的。一直到前一天，《中國時報》還在

---

2 余英時學思歷程自述目前已知有四篇。第一篇是一九九四年在日本關西大學的講詞〈我走過的路〉，有收入聯經版《我走過的路》與二〇一一年增訂的允晨文化版《文化評論與中國情懷》。第二篇是〈接受克魯格人文獎講詞〉，二〇〇六年發表於華府國會圖書館，有收入時報文化版《知識人與中國文化的價值》與聯經版《人文與理性的中國》。第三篇就是二〇〇七年名古屋這篇。第四篇是二〇一四年在台北接受唐獎時發表的〈中國史研究的自我反思〉，收入二〇二一年增訂的時報文化版《知識人與中國文化的價值》。

宣傳這場「大師對談」。問題是楊振寧不只親共，還崇拜毛澤東。余英時一九九二年〈「六四」過後的浮想〉一文就是不指名地譏刺他。這場對談的安排，我會說是強人所難，中時駐華府特派員傅建中則挖苦說是「頭腦不清或是不信邪」。但既然名目是「余紀忠講座」，余英時認為他根本無法拒絕。總算後來有了醫生認證，才變成他可以自己一人講，楊大師則改去跟其他人同台。「因禍得福」是這個意思。

三場演講的時間是二〇〇八年六月底、七月初，出書卻要等到二〇一〇年一月，可見回美國後，身體依然非常折騰。事實上，他根本沒想到自己過得了那關。所以舊版《人文與民主》已經算是他準備給台灣的最後建言。所幸吉人自有天相，他後來又寫出《論天人之際》，並在二〇一四年再次來台，這次是領取唐獎，二〇一八年發表《余英時回憶錄》，二〇一九年則受邀用遠距錄影的方式，發表〈從科學民主到人文民主〉。這最後一次公開演講，就真的是最後建言了。

主題是他常關心的台灣民主品質。政治學者就同一題目，通常是建議要營造理性對話空間啦、增進選舉以外的公民參與等等。余英時給的建言卻是提升人文素養。

老實說，對於他這建言，我本來腦袋是一堆問號的。不是有許多人文學者，院士等級的，只會嫌台灣民粹，嫌美國撕裂嚴重，卻不懷疑中國今後只會越來越強？何況許多人文經典內容根本反民主，像柏拉圖《共和國》就是。

多虧新版加了最後演講，我才覺得我有搞清楚他的意思。首先，就這題目，他最常援引的，中國古書是《明夷待訪錄》形容理想學校那段，「漸摩濡染，莫不有詩書寬大之氣」，美國作者則有白璧德、羅爾斯、布魯姆、小施勒辛格。其中，羅爾斯與小施勒辛格是美國意識型態光譜的自由派（左派），白璧德與布魯姆則是保守派（右派）。

要從余英時引用的西方論著，去判斷他思想到底偏向美國左派還是右派，根本是不可能的。以本書為例，他雖引用羅爾斯《政治自由主義》一書，但只是取其「背景文化」概念，並沒為作者的大政府思想背書。他引用小施勒辛格《美國歷史的循環》，則只是以書中對白璧德的肯定為證據，說明人文崇尚在美國已經是左右共識，不再被貼上守舊標籤了。

至於布魯姆《美國心靈的封閉》一書，余英時也只是認同「大學是為民主社會樹立最高的精神標準的聖地」這個論點，並沒跟著附和作者對六〇年代新思潮的譴責。至於布魯姆主張的，人文教育必須以經典為骨幹，而且必須是他最重視的那幾本西方經典，柏拉圖《共和國》之類的，這點余英時就連提都沒提了。

我發現，余英時「人文民主」一詞中的「人文」，定義比較接近「民主公民的基本素養」，這素養可以是道德的，例如多數為何應該尊重少數，也可以是技藝的，例如如何運用理性去說服觀點不同的人，或在無法取得共識時要怎麼妥協。

在知識層面，這種素養可以是人文，例如透過文學去培養同理心，也可以是社會科學，例如在相信候選人「拚經濟」的承諾之前，要先知道政府發展經濟可以使用哪些手段，不同手段各自又有哪些取捨。

內容當然因時因地而異，因此余英時在最後一篇演講，才特別強調台灣應該加強足以抵抗中共滲透的那種人文素養。

也就是說，余英時並沒單純到以為說，一個人只要飽讀詩書，選上院士，就不會為極權張目。他很清楚人文就跟科學一樣，既可為民主服務，也可成為極權工具。他重視的人文，是可以打造一種文化氛圍，讓民主越來越鞏固的。這是余英時認為台灣現在最需要的，所以才在人生最後，向台灣如此建言。

自序

本書的主題是「人文與民主」，包括三個單元：一、「人文研究篇」，二、「民主篇」和三、「思想篇」。這三個單元環環相套，是不能截然分開的。讓我交代一下本書的緣起，以為讀者理解之助。

兩年前（二〇〇八年）的夏天我在台北做了三場講演：在政治大學講「台灣人文研究之展望」，在中央研究院講「『國學』與中國人文研究」，在中央大學講「人文與民主」。最後一題是特別為了紀念余紀忠先生的首屆「講座」而設，由余紀忠文教基金會舉辦。紀忠先生生前在台灣推動民主化不遺餘力，同時也通過學術討論會、公開講演、報紙專欄等各種方式倡導多元的文化觀點。所以我選「人文與民主」為專題，向他致敬意。

但我選此題還有一層更深的用意，即針對「五四」以來「科學與民主」的口號而提出一種異議。「五四」時期的知識領袖們堅信中國最需要的兩大精神價值是「科學」和

「民主」；只有在這兩大價值實現之後，中國才能成為一個名實相副的現代文明國家。就此一認識而言，他們無疑是正確的。但是他們崇拜科學有時未免過甚，竟走上了科學主義的極端，這在所謂「科學人生觀」的爭論上表現得最為清楚。科學主義的心態使他們忽視了人文修養對於民主社會的建立所可能做出的貢獻。我的〈人文與民主〉講詞即在正式提出這一新問題。我不否認科學的價值，但認為民主所需要的精神基礎絕不能僅限於科學。

〈台灣人文研究之展望〉和〈「國學」與中國人文研究〉兩篇講詞則偏重在討論所謂「人文研究」，在中國的思想脈絡下，究竟何所指？在這兩篇中我所涉及的問題與「人文與民主」這一主題是互相照應的。

以上三篇講詞都沒有發表過，因此構成本書的核心部分。但是關於這三篇文本的撰寫，我必須向讀者做一簡單的報告。不巧得很，二〇〇八年夏天我到台北的當天便生病入院診治，每次講演都是得到主治醫師許可才勉強登壇的。在這種情形下，我只能憑著手頭已有的筆記做臨場發揮，根本不可能撰寫講詞。除了在中央研究院講「國學」的一篇有一個簡單題綱之外，其餘兩篇都只有靠前一天晚上在病床上構想的腹稿。扶病返美之後，我一連好幾個月都在接受種種身體檢查。因此〈人文與民主〉和〈台灣人文研究之展望〉兩篇都是根據錄音寫本修改而成的。我本來想另起爐灶，各寫一篇新稿，無奈力不從心，只好作罷。因此這兩篇的疏漏和文氣欠暢，必須請讀者原諒。但〈「國學」與中國人文研究〉一文則是這次全書付印前通體改撰的，昨天才脫稿，可以算是一篇全新的論文。

以上述三篇未刊稿為中心，我又選了與主題密切相關的舊作七篇，可以說是同一旨趣的不同發揮（variations on the same theme）。由於我對於一問題注意已久，新篇與舊作恰可互相補充。

最後，關於「思想篇」，我還要補充幾句話。本書所講的「人文」最終必然要歸宿到哲學或思想上面才算到了家。因此我把新寫的中國思想史綜述和二十多年前所寫關於西方哲學大轉變的兩文收在全書之末（按：自一九八五年以來，西方哲學界未發生更大的波動，因此不必對原文做補充）。本書首篇是我和吳大猷先生的一次對談，主持人則是余紀忠先生。這次談話的時間比〈對塔說相輪〉大概早兩年，細心的讀者必可立即發現，本書的一首一尾恰好是互相呼應的。大猷先生和紀忠先生都是我生平最敬重的前輩，濡筆至此，不勝人琴之感。

二〇一〇年一月十六日　余英時

目次

民主篇

思想篇

人文研究篇

人文與自然科學應如何均衡發展

——吳大猷院士與余英時院士對談

余紀忠先生：吳大猷先生是我國物理學界的前輩，數十年來對國家科學的發展，貢獻良多。余英時先生在人文學的深厚造詣，素為學界所推崇。今天，我們非常高興能請到兩位先生，分別從自然科學家和人文學家的角度，針對科學與人文的發展，以及兩者之間衝擊調和的問題，舉行對談。

在人類科技迅速發展的今天，我們相信，這樣的「對談」，對於我們瞭解科學內涵，從事人文省思，都將有著深遠的意義。

首先，我們想請吳先生談談，多年來我國自然科學的發展，對人文產生了哪些影響？舊有的人文觀念對我國科學發展，有什麼助益與阻礙？我國自然科學與人文科學的發展比重，是否均衡？

其次，我們請余先生談談，自然科學發展對人文科學有何影響？其間利弊得失如何？一個國家如果忽視人文科學發展，可能引發些什麼後果？有無補偏救弊之道？

※

吳大猷先生：在談論主題以前，先讓我們對科學與人文做一界定。一般所謂科技，其實是包含了三個層次——純粹科學、應用科學和技術。

純粹科學的特性，就是研究科學的人動機都很單純，只為了求知，不考慮實用的問題，也不追求商業性利益。至於應用科學，則是利用科學的知識跟原理，對具體的問題或目標進行探討，換句話說應用科學和科學的主要區別，在於研究動機的不同。

至於技術，就是把應用科學所得到的原理方法等，用在更廣泛的實際問題上。以電為例，根據安培定律、法拉第定律，發明電動機、發電機，這就是應用科學了，再由此發展出應用的電氣發展，設計大發電廠，就完全是技術的問題了。

其次談人文，人文應包括哲學、文學與藝術。哲學包括了倫理，如修身、人己關係、人與社會關係，再加上人生智慧，如宗教的基本哲學思想、邏輯及人類思維、認識論等。

究竟我國的科學發展對人文有什麼影響呢？據我看，我國的學術是很薄弱的。我國政府直接支持科學與人文的學術研究，肇始於一九二七年中央研究院的成立，但是由於國家長期動盪不安，科學研究的進展很慢。

政府遷台後，頭十多年，由於大陸來台的學術人才，寥寥無幾；台灣在日據時代也沒有深厚的學術基礎，因此，當時的學術研究除了中央研究院歷史語言研究所的一批人外，其他科學方面，可說是付之闕如。台灣的學術是在「跛子」的狀態下，漸漸成長起來的。

一九六七年先總統成立科學發展指導委員會，是一個重要關鍵。該會建議改組擴大原有之國家長期發展科學委員會成為國科會，由首年的三億餘元經費，繼增至年四億餘元，至目前的十億餘，用以支持自然科學、應用科學、工程科學、人文和社會科學的研究。

由經費觀點來看，國科會經費的分配，應用科學所占的比率略大過純粹科學，而支持自然科學研究的經費，也大過人文和社會科學，但這並不是由國科會基本政策偏差刻意造成，而是國內人文與社會科學學術人才，歷年來所提出的研究計畫質量皆有限所致。

這些年來我國科學的最大的隱憂，是只重視下游的技術，忽略上游基礎科學的扎根工作。當然，在國家現階段發展中，我們絕對需要應用科學與技術，以支援工業、農業方面的發展。但是，我們也不能忘了「科學」與「技術」之間的連續性。為了加速工業發展，我們可由國外引進現成的高級技術，但是，更重要的是要培育本國的技術人才，這就需要深厚的「基礎科學」來支持，才能逐漸向上發展。

再說「研究」與「發展」，在應用科技於工業上，有極清楚明確的意義，二者屬於二個不同的階段，不能混為一談。「研究」是指針對具體問題和目標，如新產品或新程序方法，按基本科學知識原理，研究其可能性。所謂「發展」是指由上述實驗室證實的「可能性」，從事發展為工業性規模生產的階段。如今，一般人只講「研究發展」，把「與」字去掉了，使其界線模糊不清，這是政府在科學政策論定及措施執行，亟待澄清矯正的一點。

※

余英時先生：我非常同意吳先生對「科學」一詞的解說。基本科學研究是為求知而求知，這種求真理的態度，是西方自希臘以來最重要的傳統，求真理的本身，並非為了特定的目的，即莊子所謂的「無用之用」。基本科學之下，才有應用科學與技術。

其次，人文科學，一般是指哲學、文學和藝術而言，其中又以哲學為基本。至於社會科學，有人將其歸於人文科學，有人則將其與人文科學分開，歸於第三類的科學，我個人較傾向後者的說法。

對於國內科學發展的情形，我並不清楚；不過，最近為《胡適年譜》寫序，從胡適先生的年譜中，瞭解了一些台灣科學發展的歷史。政府遷台初期，若整體比較之下，人文科學人才較自然科學人才為少。因此，儘管科學發展政策並未忽視人文科學，但客觀的條件限制，無形中使得科學的長期發展，比較偏重自然科學。

人文科學對自然科學的發展，是否會構成阻礙呢？以近代中國而言，人文科學家如胡適、陳獨秀等非但沒有阻礙自然科學的發展，反而是提倡科學最有力的人。胡適雖非自然科學家，但他相當瞭解自然科學的重要性，倡導科學不遺餘力。至於提出「科學與民主」口號的陳獨秀，更是未接受過新式教育的老式學者。連對東方精神文明最有信仰的梁漱溟，也有「無科學、要亡國」的說法。因此，儘管近代中國提倡科學的人文學者，對科學真義瞭解仍不夠充分，本身也無法做「科學人」，但他們大力提倡科學的結果，倒也使科學觀念逐漸擴散到社會的各個角落。

從西方歷史來看，自然科學發展對人文科學的影響，可謂既深且遠。

西方哲學與科學之間，有親密的關係；近代西方人文的始點，更是與科學連成一氣的。譬如，當今美國最著名的分析哲學家，哈佛大學的蒯因教授（Willard Van Orman Quine, 1908-2000）的基本口號就是「哲學是自然科學的連續體」（Philosophy is continuous with natural science）；哲學要有意義，需要以實在的科學為背景。

另一方面，我們再看看近代批判科技的思潮。這可以德法兩國的主流思想為例證。我們通常以存在主義代表這一路的思想。但所謂存在主義的內部，也很複雜。其中有些人並不願居存在主義之名。但大體而言，這一派人關心的是人的存在的問題，不以科學為哲學的模範。

德國有些思想家稱人文科學為精神科學（Geisteswissenschaft），並把它看作與自然科學截然不同。但是最近，重人文的歐洲大陸哲學和重自然科學的英美分析哲學，已漸相近，幾有合流之勢。英美哲學界已較正視歐陸的現象學與詮釋學（Hermeneutics），而歐陸哲學家也逐漸對分析哲學、語言哲學採取一種接受的態度。

一九七八年，研究科學哲學的普南（Hilary Putnam），在牛津洛克講座，發表〈知識與精神科學〉（Knowledge and Moral Science）講演也表示，分析哲學家過去從不討論人的現象，確是一種偏執。他主張哲學家也應該討論「人如何生活」（how to live）的問題。一九七二年，哈佛大學羅爾斯教授（John Rawls, 1921-2002），寫成《正義論》（*A Theory of Justice*）一書，用分析哲學方法來解釋何謂經濟分配公平，何謂法律的公平，引起極大的回響。據說，連美國稅務單位也根據此書來研究賦稅公平的改進。當代的分析哲學家已開始轉向，注意到人文現象的探討了。又如從分析哲學出身的羅蒂（Richard

Rorty, 1931-2007）近年來尤其努力使這兩支哲學傳統合流，人文、自然互相補充。

除了前面提到的幾位分析哲學家外，年輕的政治哲學家諾濟克（Robert Nozick, 1938-2002）最近寫了一部大書——《哲學解釋》（*Philosophical Explanations*），同時涉及了人文現象和自然現象兩大領域。解釋（explanation）一詞原屬自然科學的用語，人文科學中「解釋」一般是用「interpretation」。三〇年代維也納學派就特別強調「explanation」的意涵。如今，分析哲學家將「explanation」一詞，廣泛地運用在人生方面。這是分析哲學家受到歐陸哲學挑戰所做的回應，哲學不能只做概念的分析，也要闡述意義（meaning）。

在目前的階段，人文科學誠然落後於自然科學，然而，年輕一代的人文學者已在反省並尋找新方向，試圖脫離純粹自然科學的模式，發展自己的一套方法論與模式。台灣似乎也開始有這樣的趨向。

※

余紀忠先生：余先生將自然科學對人文科學的衝擊，以及西方哲學思潮受自然科學影響所形成的演變，說得非常透徹。接下來，我們請兩位談談，如何整合自然科學與人文科學的問題，以及通才教育在現代社會的意義，表達意見。

吳大猷先生：未來哲學與科學的發展，的確需要一些人能溝通科學與哲學的範疇。國內在這方面的缺陷，尤其嚴重；我們簡直找不出哲學家對古典物理及量子力學、相對論有深的瞭解，同時我國也缺乏對哲學有素養的科學家。

將來，我們的教育如何在這兩個看似互不相關的學術系統間，培養通達哲學與科學的人才，是非常重要的課題。不過，在目前國內沒有人領先倡導的情況下，恐怕很難訓練出這類人才。

談到通才教育的問題，美國的做法可供我們參考。一九四六年左右，哈佛大學幾位著名的物理、化學科學家成立一個委員會，研究在一個自由社會中，如何使一些不是學科學的人能對科學有些基本的認識。他們的目的在由美國的傳統觀點出發，使人人瞭解美國科學發展的基本精神——不斷地研究與創新（這是科學發展最重要的精神）。同時也明瞭科學發展的趨勢，因為科學發展不是零零碎碎技術上的進步，而是科學根本改革上的大變遷。這個委員會編纂了兩本書，一冊是介紹物理科學，包括天文、物理、地質等，由古代希臘的數學天文、幾何天文開始，沿著歷史的發展，談到十六世紀的科學進展，哥白尼的大改革，伽利略、牛頓等，再論及近代物理的發展，如相對論等，將整個物理的基本概念與科學哲學改變都容納在書中。這是一項有眼光與遠見的工作。我不知道人文方面是否也有類似的計畫，撰寫、編纂一些書刊，使不念人文的人也能瞭解人文哲學的發展沿革。

通才教育可使學生未來發展時，能有一種寬廣的基礎，使得念科學的人，也能瞭解、欣賞人文知識。同樣地，念人文的人如果對科學有清楚的瞭解，將來如果進入政府機構，在從事政策決定時，就可避免發生偏差。由此看來，目前國內高中時代對學生實施分組教育的辦法體制，值得深入檢查，並做必要而廣泛的改革。

※

余英時先生：基本上，我贊成研習人文科學的學生修習一些自然科學課程，反之亦然。但是，不能出於強迫，因為強迫學習往往流於形式，而流於形式就不會有效果。重要的是，教師與學生之間要有一種共同的瞭解——做人不僅是要有一職業，讀書生活也不僅僅是一種職業訓練。

我國傳統教育的毛病在於偏重通才，不重專業。現在的情形恰好相反。由於社會趨於專業化，個人必須有一技之長，職業才有保障。因此，哪些專長易於找到職業，大家便一擁而上。這種情形當然不限於台灣，美國、蘇聯與中國大陸等地，亦復如此。例如：目前各國都有許多男女，紛紛學醫、法律與電腦。這純粹是一種以職業為主導的教育取向。這種取向，有予以自覺改變的必要。

因此，無論一個人的專業是什麼，他總該對專業以外，但直接間接有關的學科，具備必要的常識，如此，才有資格做一個完整的現代人，並具備綜合判斷的能力。雖然，今天一個有高度智慧的人，不可能像康德時代或十九世紀初時，可以兼通人文、自然科學，但是，對人文與自然科學具有基本認識，並不是絕對不可能。

當然，此一問題由於涉及考試與教育制度等因素，要徹底解決並非易事，但是至少要嘗試努力，否則就會產生一種流弊，亦即造成一種所謂「對很多事情知道的很少，對很少事情知道的很多」的「專家」。這種專家只有很狹隘的專業或純技術觀點，卻無法妥善處理專業外的重要問題，甚至不能做出正確的判斷。

※

余紀忠先生：剛才兩位先生的談論，已逐漸有了相通的結論；尤其吳先生的提示與多年來的主張，經過余先生加以補充說明，綜合起來有二個共同論點。

第一是在科學方面，應該在發展科技時，兼顧基礎與應用科學的發展。否則充其量我們只能迎頭趕上歐美等先進國家，而不能有所創新、發現；可謂太求速成，反而忘掉先機，短視近利則不能兼顧長程目標的功效。

第二是在以自然科學為主的現代世界中，一個人無論要從事何種行業，應該兼具人文與自然科學方面的知識，並接受這種通才教育。沒有這種瞭解與通才教育，觀念與判斷即殘缺不全。

※

吳大猷先生：一九五八年，一位念物理出身的名作家史諾（C. P. Snow, 1905-1980）寫了一本書，書名是《兩個文化》（*The Two Cultures*）。他認為世界被分割成兩種文化：一是科技的，一是人文的，但這兩種文化彼此間「言語不通」，而且情況愈來愈嚴重，這確是人類社會一個最值得關注的危機，但人們有遠見深思的少，人和社會仍未真的感到這情形的意義。

一九六〇年代中葉起，越戰期間，美國的年輕人掀起了反越戰、反建制（anti-establishment）的風潮（所謂「嬉皮」風氣，只是消極性的一種反抗，沒有積極性建設性的思想），在學術界也有反智（anti-intellectualism）的暗潮，對科學、技術等尤其反得厲害，他們所反對的是科技的過度發展。當時開始有很多人注意到環境、衛生、生態等問題，造成壓迫政府在日後訂定了許多法律，保護環境、防止汙染。限制學府中接受政府中國防系統支持之科學研究計畫等。

現在，有不少憂心的人認為，世界完全為科學與技術所控制，而人文發展速度落後科技，這個問題不是某一國家所特有，而是舉世皆然。以發展中國家來看，情況或許更叫人憂慮，這些國家非繼續不斷地發展工業不可。譬如台灣，這兩年來經濟不景氣，整個社會就呈現不安狀態，其實台灣並沒有人餓肚子，這純係人性使然，經濟愈繁榮生活水準愈提高，人的要求也愈高，只能往上長，不能往下收縮，維持不變都認為不可。每個國家都在謀工業的發展。隨著工業發達，便有更多的社會問題和生態的破壞、環境汙染、能源消耗等。我們可以說整個人類正陷身在一個「大漩渦」中，而這個「大漩渦」還在繼續擴大之中，情況也日益激烈，悲觀地看這個「大漩渦」根本無法解決，因為我們每個人每個國家都陷身其中，不由自主！

這是人類社會一個長程（long range）的問題和考驗。二、三千年來人類的科技發展，給人類帶來高度的物質文明，但人類的精神智慧，似無大進步。人的貪婪是人類許多問題的淵源，是上述漩渦加速的主要原因。這些情形只能靠人文的智慧來解決。在現實上，我們既無法回到清靜無為的世界裡，那麼只能使「漩渦」擴大得慢一點。「人文」與「科技」結合，可能是條出路。但是「人文」與「科技」這兩個文化如何融合起來，成為更高層次的一個文化，著重的是要改變人類的教育，使習科技的不成為「機器人」，習人文的瞭解「科技」的性質。換言之，使人類有更高的智慧——兼具哲學、科學的智慧。這顯然是一個「理想的境界」，不是十年、百年所能做到的。畢竟，人類現在所面臨的問題，是經過幾千年發展而形成的。

※

余紀忠先生：如吳先生所述，人文科學如何主宰自然科學，走上平衡與適當發展的道路，這的確是一個大問題，而且要視先進國家經驗與發展中國家究竟如何取法而定。其間，從思想觀念、設計、行為，至政策調整，都需做通盤的考慮。不知英時先生對此意見如何？

余英時先生：剛才吳先生論述自由經濟與資本主義制度下的科技發展現象，我大致能同意。但我認為吳先生所述的現象與知識有關，而與主義未必有關，在自由世界會發生這些問題，在共產世界同樣會發生。

以中國大陸為例，美國曾有一代表團攜空氣汙染偵測器至北平偵測，發現北平空氣汙染相當嚴重，而武漢偵測時，空氣汙染程度已超出機器所能偵測範圍。更有一說，有人在松花江畔偶然點燃一根火柴，整個河即燃燒起來；而蘭州周圍的山，已由於化學工業的發展呈現一片禿黃，敦煌也一樣；南京則煤灰滿布。中共官員對此卻表示為了發展科技，一切都顧不得了，由此可見造成這種現象的原因，基本上是無知——不但未具備科學知識，更沒有足夠的人文修養。中共只相信征服了物質世界，中國就會富強。

因此，科技發展所帶來的問題，是世界性的。要解決這個問題雖不易，但並非完全無路可走。至少，西方國家所面臨的問題和解決問題的經驗，就可作為我們後發展國家的借鑑，早思如何避免與做好防範措施。

長遠來說，人類對自然的態度，遲早要改變。自培根倡導科學以來，西方人對自然即抱持征服的態度，要自然為人類服務。將自然純視為「物」，而人則自劃於自然之外。就此而言，我們中國的哲學大有啟示性。中國哲學將人視為自然的一部分，人儘管可以超越自然，利用自然達成「利用厚生」的目的，但絕不講求征服自然。

從人文觀點看，現代的人絕不能反科學，但科學若產生偏弊？自需加以補救。而這種補救必須在對自然的態度上有所改變。現在，美國思想界已逐漸放棄征服自然的態度，不將自然當成人類的奴隸，轉而認為，自然與人是要相互適應的。

思想界有了這種轉變，人對自然的利用，自然會有所不同。否則，誠如吳先生所指出的，若僅以科技解決科技問題，就會發生漩渦愈捲愈大、愈捲愈深的現象。飲鴆止渴，最終非死不可。以科技來解決問題，實為一條險路，解鈴還須繫鈴人，問題能否解決最終還是決定於人的態度。

其次，今日人類的境界，還有道德問題。在人類世界中，物質文明進步，科學進步，但道德未必進步。實證主義者乃至胡適之先生認為科學進步，道德會愈進步；這種想法恐怕過分樂觀。道德不屬於科學的範疇，道德自有其精神來源。這個精神來源是要靠人對自己的控制。

當前人類（包括在台灣的中國人）的問題是，對自己的欲望毫不限制。以美國為例，廣告內容，據我觀察，不外食色兩類，總是在刺激人的本能與欲望，這實在不是好現象。但在西方，多少還有教會等宗教團體，多數人民也有宗教信仰，多少會形成一些限制。我國既無宗教信仰傳統，而且將佛教等看成民間迷信，一旦產生道德危機，危機恐怕會比西方更大。

因此，儒家倫理道德與佛教的經典，在現代實不能等閒視之。忽視倫理，任由技術刺激人的欲望，欲望得到滿足後，又以技術刺激更大的欲望，長此以往，在以利潤為中心的社會，就會構成一種惡性循環。要想遏止這種循環，人必須對自己下一番工夫，而不能老是只對外界下工夫。這是人文科學的一大問題，在這方面，中國傳統確有可貢獻之處。

我認為人類目前已陷於很深的危機狀態，這種狀態會引起反省，而這種反省就是一種生機。人類絕不可能再像二百年前的樂觀主義者所想像地發展下去。我對人類未來感到悲觀，但我認為這種悲觀是一種新的可能與樂觀的開始。只是，可能的樂觀的出現，需要人類主觀的努力，才能化悲觀為樂觀。

正如存在主義所指出的，目前的人類具有種種恐懼與焦慮的心理，這是科技所無法解決的問題。在美國，人有了心理問題往往求助於心理分析，但是，今天心理分析已經不太管用了；在中國，我們靠朋友打開心結，但是，現在的社會，也使得知心難尋。現代人的心理問題，不能再求助於外在力量或外人了，必須自尋解決之道。在這方面，中國文化是在非宗教世界中，唯一強調人本身修養的文化。要解決人類的心理問題或作為一個人，我堅信中國文化重視個人修養的傳統會有獨特的貢獻。

《中國時報》，一九八三年九月八日

文化建設私議

——人文學術的研究是當務之急

承《中國時報》編者的好意，要我在第七屆總統就職之前談一談台灣未來的文化問題。關於文化重建的問題我先後已發表過不少的意見（見《史學與傳統》中所收〈試論中國文化的重建問題〉和最近刊行的《從價值系統看中國文化的現代意義》）。由於我對於台灣的實際文化狀態瞭解得還不夠深入，沒有資格提出任何具體的建議。我和台灣學術文化界的接觸也僅限於人文科學的某些部分，對一般的大眾文化更是十分隔膜。所以本文的討論仍只能側重在一般態度方面，此文與以前已發表的文字互有詳略，讀者願知此文立論的根據，請參看上述舊作，應可得其全貌。

本文所謂文化是指人生的精神層面而言，它不但有別於衣、食、住、行之類的物質層面，也不同於有形的制度和禮儀，這一精神層面和物質以及制度層面當然是互為影響而不可截然分離的，但它本身仍具有一相對獨立的領域，用佛教的術語說，即仍有「自性」。它不僅不是物質與制度的基礎所能完全「決定」，並且還能在一定的條件下「決定」物質生活和社會制度所表現的方式。學術思想、宗教、文學、藝術等都屬於這一領域——也就是人的主觀意識的領域。我在此所採取的自然是意識與社會存在互相決定的觀點；我不相信任何一種「決定論」。英國哲學家奧斯汀（T. L. Austin）曾對他的朋友說：「許多人都喜歡談決定論，並且自稱是決定論的信徒。但事實上我一生中從來沒有遇見過一個人真正相信決定論，就像你我都相信人必有死一樣，你遇見過這樣的人嗎？」道理很簡單：一個人如果真相信「存在決定意識」或「物質基礎、社會形態決定文化風格」，便根本不必「談」決定論，也不必「說」自己相信決定論了。因為「談」、「說」、「相信」的本身也都是被決定了的。相反地，只有相信人在一定的條件之下可以創造或改變文化時，這種「談」、「說」或「相信」才有意義可言。本文之所以開宗明義先標舉這一點便因為現在許多人至少在潛意識裡常把文化的發展看作社會經濟變動的結果，否認文化有它的「自性」。這和傳統的看法適成兩對立的極端。傳統的學人相信風俗起於「一二人心之所嚮」誠然過分誇大了主觀意識的作用，但現代人迷信決定論也不免過於妄自菲薄。其實文化的發展從來都有主觀和客觀的兩面因素，缺一不可。這個道理古人早已見到了。所以一方面佛教有「道假眾緣」之說，另一方面儒家則強調「人能弘道」。我們今天固然不能忽視文化的外緣，但更重要的是對「人能弘道」這一點要具有起碼的信念。否則文化發展是無從談起的。

現代社會妨礙文化發展的另一力量是世俗的功利觀念，必須申明，這不是指哲學上的功利主義（Utilitarianism）而言。功利主義自有其堅強的理論根據，兩百年來始終是英美倫理思想的主流，雖然最近已出現了有力的駁論。我所指的是一般社會上對文化的輕視，即以文化無助於衣、食、住、行層面的日常人生，是一種可有可無的東西，本來中國古人早就說過，「衣食足而後知禮樂」，我們當然不能在吃不飽穿不暖的情況下高談什麼哲學、文學、音樂、戲劇等問題。但是史學和人類學早已告訴我們至少在有歷史紀錄可稽的社會中，人的物質生活和精神生活從來便是分不開的。所謂禮樂，早已存在於初民社會，而且構成人類學上所謂「文化」的主要內容，可見衣食住行的日常人生自始即和文化交織在一起的。「衣食足而後知禮樂」這句話，事實上只能理解為人在衣食足以後才能從容地瞭解「禮樂」的意義，而不是說「禮樂」只有在「衣食足」之後才能出現。

從世俗的功利觀點輕視文化反而是社會高度分化以後的現象。社會分化的結果使權勢和財富集中在少數人的手裡，陶醉在權勢和財富中的人往往不免把文化看成虛而不實，可有可無，其原因是他們並不覺得權勢和財富是由文化而獲得的。相反地，權勢和

口號，可是很快地又開始防範所謂的「精神汙染」了。在同一時期內，台灣在經濟發展方面所獲得的成績是舉世皆知的，然而文化的建設卻遠遠落在後面，經濟繁榮帶來酒食徵逐紙醉金迷式的感官享受，真正有深度的精神文化則未見有突破性的發展。朝野上下雖然都有「憂患意識」的呼聲，其效果恐怕是非常有限的，經濟繁榮只會把人推向歌舞昇平的方向，不可能在一般人心中激起普遍而持久的「憂患意識」。而且「憂患」也不能僅理解為外在的危機，憂患與生俱來絕非限於社會集體與一時的危機，一個有深度文化的社會比較能提供其中個別分子以應付憂患所必需的精神資源——包括集體的和個人的憂患。但是這種精神資源必須通過長期不斷地開發才能積累起來，臨渴掘井是不濟事的。中國近代的文化資源一直很貧乏，這在危機時期尤其表現得很顯著。現代中國人曾被描寫成只有五分鐘的熱度，即是精神貧乏的結果。八年對日抗戰是中國現代史上一場最大的「憂患」，可是在戰爭爆發一、兩年以後已流行了「前方吃緊、後方緊吃」的說法。

有文化深度的社會並不排斥正當的感官享受，「文武之道」，「一張一弛」。如果一個人在工作之餘，到舞台歌榭去放鬆一下神經，還是健康而正常的。但是如果一個人除了感官刺激之外別無精神寄託之所，則不能不說是相當嚴重的問題。中國以前在民族遭遇危機的時代，文化的力量往往有突出的表現，如宋末有文天祥、謝枋得，明末更有數不清的遺民。但文天祥早年在危機尚未爆發之前，則「性豪華，平生自奉甚厚，聲伎滿前」，但一旦國家將亡便能「痛自貶損，盡以家貲為軍費」。明末的陳子龍、方以智和其他許多名士也都是早年「流連聲酒」，而後來或殉難或苦隱，這是他們具有文化深度的確證，也是文化深度和正當的感官享樂並不必然互相排斥的顯例。

我對於台灣的大眾文化所知有限，不能妄加評論，如果僅就報章雜誌和其他大眾傳播所反映的一般狀況來看，則似乎感性文化的比重不免偏高，而文化的深度則頗嫌不足。這種情況雖由特殊的歷史背景所造成，但是世俗功利思想的深入人心恐怕是其中相當重要的一個因素。一般社會人士，特別是知識界人士，如果不能在這一點上有深切的反省，則台灣的文化前途是很值得憂慮的。經濟繁榮往往會發生麻醉作用，把世俗的觀念推向更膚淺的功利方向（按：我在這裡並不是討論一般所謂上層文化與通俗文化的分別。通俗文化一樣是可以有深度的，而上層文化也可以流入淺薄的境地）。

上文指出兩點：第一、文化本身是一個具有相對獨立性的領域；第二、世俗的功利觀念是現代文化的一種根本病痛。第一點使我們認識到在文化問題上，人的主觀努力是必要的，我們不能把一切不好的文化現象完全解釋為社會、經濟，以及政治各方面變遷的結果。第二點使我們看到今後的文化建設方面，首先必須克服什麼樣的障礙。我已說過，功利觀念在今天的世界上具有普遍性，不僅中國為然。然而這個毛病在中國似乎特別嚴重，其理由下面將有所說明。如何克服障礙，重建新的文化方向，當然更是我們當前所面臨的最重大的課題了。

照過去儒家的一般說法，我們當然必須「嚴義利之辨」，即用「義理」來制服「功利」。這種說法頗有極端意志論的傾向，其基本假定是把文化和思想看作一絕對獨立的領域，而且高出其他領域（如經濟生活、社會組織、政治體制等）之上。我們偶然還聽得到的「學術思想必須指導社會」的論調便是所謂「義利之辨」的現代翻版，這一論調雖然很高，但事實上恐怕不容易收到預期的效果。道德家（如中國以往的儒者）和宗教家（如今天各大宗教的牧師）都一直在從事這一類的努力。對於這一類的努力，我們當然也應該加以尊重。不過，由於文化的發展牽涉到主觀客觀種種因素（現代文化尤其如此），僅僅靠「傳教」或「說教」絕不足以扭轉文化的方向。如前面所說，文化是一相對獨立的領域，也就是相對於其他領域（如經濟、政治）。但相對也涵蘊相關，文化與其他領域的活動也是互相關聯、互相配合的。佛教論因緣常有「兩束蘆葦，互倚不倒」的比喻。文化與其他各領域之間的相對關係，正可以用「互倚不倒」的情形來形容。最先提倡「義利之辨」的孟子便已指出「民無恆產，必無恆心」，「救死而恐不贍，悉暇治禮義哉。」這已明白表示文化和經濟是互倚的。

現代化的社會是所謂「富裕社會」（affluent society），與孟子所說的「救死而恐不贍」的情形大不相同。新的文化必須要和新的社會生活取得配合，那是毫無可疑的。但是所謂「配合」絕不能是「隨波逐流」地落在現實生活的後面，而是盡可能地帶動現實，以求提高生活的品質和境界。

由於科學與技術的重大發展，西方現代發生「兩個文化」的問題。最著名的當然是英國的史諾（C. P. Snow, 1905-1980）和利維斯（F. R. Leavis, 1895-1978）之間的一場爭辯，先後一直延續了十幾年（從一九五九到一九七〇年）。這是一場科學和文學之間的戰爭，其癥結在於科學和文學之間究竟存在什麼樣的關係？史諾一方面肯定了兩個文化對立的事實，另一方面則明顯地偏向科學。他指責文學家到今天還在排斥科學，這點在他來看是愚蠢的。利維斯則強調人的世界的重要，特別是語言。如果沒有人的世界和語言，則科學也不可能成立，這個爭論現在已幾乎是人人都知道的常識了，不必在這裡重複。我提出這個爭論，主要是想說明它所代表的意義。現代人顯然有兩種不同的想法：一種人是完全相信科學可以解決人的一切問題，另一種人則認為屬於人的精神境界方面的問題，科學並不是萬靈藥，因此人文學科（包括宗教、文學、哲學、藝術、歷史等）依然是我們所必須尊重的。這在西方本是一個古老的問題，十九世紀末葉英國的赫胥黎（T. H. Huxley, 1825-1895）和安諾德（Matthew Arnold, 1822-1888）早就有過同樣的爭論。前者為科學說話，後者代人文學發言。中國在三〇年代的所謂科學（丁文江）與玄學（張君勱）論戰，也是屬於同一性質的爭議。相信科學的人並不全持上面所說的世俗功利的觀點，但是由於科學（特別是技術）比較能立竿見影，社會上一般的人往往不免會從世俗的功利觀點去維護科學。人文學者則遠沒有這樣的聲勢，因此我們可以大膽地說，這一爭論多少表現了功利與反功利的衝突。但是在今天的社會情勢之下，反功利的人文學科卻一直是處於下風的。今天多數的青年人才，在家庭鼓勵和社會壓力之下，都走上了自然科學和技術的途徑。相形之下，人文學科的門庭是相當冷落的，這種情形在西方固然很普遍，在中國（包括大陸和台灣）則尤其嚴重。

從整個社會方面說，政府首先注重的是國家的富強；從個體方面說，每一個人首先關心的是職業保障和收入的多寡。功利觀念很自然地驅使社會偏向科學的文化。西方的人文學科比較還能維持一個小康之局。這是因為西方的人文傳統從來不曾中斷過。兩個文化的爭執在西方可以上溯至希臘、羅馬。在中古和近代早期我們也很容易找到兩方互爭雄長的痕跡，中古的「七藝」之間的爭鋒和十七世紀的所謂「古今之爭」（Quarrel of the Ancients and the Moderns）都是顯例。西方科學陣營之取得絕對的優勢是十九世紀以來的事。人文陣營儘管日趨式微，卻未到一蹶不振的地步。通識教育仍然是西方（如美國）大學所重視的，雖然成績不盡符合理想。

中國則從來沒有純理性科學的傳統（當然並不是完全沒有科學和技術）。我們的文化爭論如今古文之爭，都是在人文傳統內進行的。一到近代，中國一部分知識分子的心靈為西方的科技所懾服，於是發生了一種畸形的心理，認為中國人文傳統是科學的障礙。在這一理解之下，人文與科學之爭便自然地轉成中西文化之爭和新舊之爭。而在一般人的觀念中，西方勝於中國，新的好過舊的，已是天經地義一樣的真理。這樣一來，科學在許多中國知識分子的意識中便變成絕對信仰的對象了。

我這樣說，其用意絕不是反對科學。我只是要指出科學是從西方為知識而知識的文化精神中發展出來的，它和西方哲學傳統的主流是分不開的，今天西方的分析哲學仍然是和科學連成一體的。現代中國崇拜科學的知識分子很多，但是真正瞭解科學精神的人卻很少，這正是因為我們還沒有和西方的人文傳統接上頭，一部中國現代的科學史其實大部分是技術史。換句話說，我們的著眼點始終是在科學的實用方面。這不僅是受了研究條件的限制，一般世俗的功利思想也要負相當大的責任。我已說過，功利思想在西方也同樣存在，但西方多樣性的人文傳統未曾中斷。不僅基督教仍然有它的力量，在哲學領域內也還存在著許多和分析哲學相對抗的流派。此外文學和藝術也是千門萬戶，各成傳統。科學在西方人的生活中雖然愈來愈重要，然而並未變成盲目信仰的唯一對象。實用性的科學技術更一直在受到種種批評和檢討。西方的人文傳統還在繼續發揮它應有的作用，世俗功利觀念的流行是有限度的。

西方的人文學科在近幾十年來已有重要的發展，以致不少科學家、哲學家都開始改變了態度。三〇年代盛極一時的邏輯實證論現在已無人問津。甚至當時的宣傳驍將艾耶爾（A. J. Ayer, 1910-1989）也公開承認他當時所採的論點絕大部分都是站不住腳的。美國政府每年都提供大量的經費作為人文教學的研究之用，不少私立大學（如哈佛大學）近來也特別設計新的通識教育的課程。這是西方人重視他們的人文傳統的顯證。

中國大陸現在仍然在「四個堅持」的籠罩之下，人文研究目前尚不能自由展開。不過，公平地說，由於近幾年來中共在政策的執行上放鬆了一些尺度，中國文史哲學方面的研究成品，確比過去的水準提高了不少。有些專門性的著作幾乎可以完全避開馬列主義的八股。但是，全面性的突破一時還做不到。相形之下，台灣應該是中國發展人文學術的最理想的地方。中國文化的現代化只有在台灣才能獲得充分發展的機會。

中國需要一種合乎現代生活的文化精神，這應該是大家都能同意的看法。什麼才是合乎中國人的現代生活的文化精神呢？在這一具體問題上當然存在著許多不同的意見。我個人認為這種分歧並不重要；我也不相信任何個人或少數人能預先規畫出一種藍圖來，作為文化建設的根據。歷史上任何一種新的文化都是在充分自由的情況下逐步發展出來的。古今中外都無例外。預先由少數人打好藍圖再發展文化，那是絕不可能的事。藍圖如果由政府提供，則更有流入以官方的意識形態扼殺文化自由發展的危險。但是，藍圖雖不可有，起碼的共識倒不可無。我個人覺得以下幾點原則也許可以作為建立這一共識的參考：

一、現代中國人生活中必須要有某些精神資源以為社會與個人提供「安身立命」的根據。

二、有些精神資源可以從外面汲取，但是只有在與自己的文化生命融合為一之後才能真正發生力量。文化移植只能就個別的因子而言，不是全面取代。事實上，歷史上從來沒有全面取代而成功的例子。

三、既然如此，我們首先便必須正視自己的文化傳統。盡可能地求客觀的瞭解，再進一步做理性的批判和反省。中國文化的傳統不但豐富、複雜，而且具有很多的層面。我們絕不能籠統地看待它或加以簡化。

四、這種新的文化必須是多元的，而不是定於一尊的。

五、多元並不是混亂和機械式的平均發展。其中可以有主流和支流之別，甚至主流之中又有分流。

六、但是，無論是主流、支流或分流，都只能是自由、自然發展的結果，而不是任何個人或社會力量所能勉強造成的。我個人深信學術思想以至通俗文化，通過一個群流競起的自由發展階段，最後自然會形成一種秩序，這種秩序取決於大多數個人的選擇。

以上六點只是就個人一時思慮所及而提出的，既談不上窮盡無遺，更不是確定不易的真理。任何人有興趣盡可以提出修正或補充。對於這些尋求共識的原則，我不想再進一步有所說明，因為這是本文的篇幅所不允許的。我的中心觀念已在《從價值系統看中國文化的現代意義》一文中初步地闡明了。

扼要地說，我覺得中國必須重建一套新的價值系統。這一重建工作必須在中國傳統的人文基礎上盡量吸收消融外來的新成分。所以，這既不是「保守」，也不是「復古」。就傳統一方面說，我強調窮究其源流，然後擇善而從。理性的批判和反省在這兩方面都是不可或缺的。這些話已是老生常談，並不新鮮。但是我個人認為這是比較健康和正確的見解，所以老調仍不能不重彈，故意立異或勉強求同都是沒有意義的事。至於這一新的文化將來究以何種面貌出現，我們是無法預知的，而且也毋須乎預知。從這一點說，我既非提倡「中學為體，西學為用」，也不是主張「中國本位文化」。

中國需要有新的人文傳統，這是使我們從世俗功利觀念中超拔出來的唯一希望。台灣的中國社會似乎有物質豐富而精神貧困的嚴重現象。台灣在經濟和科技方面已進入現代化的階段，但精神文化方面好像還在徬徨的狀態。科學和技術的重要性已不需要再過分強調，人文學術如何發展，才能救治精神偏枯之病反而是當務之急。事實上，如果沒有深厚的人文學術為基礎，我們也不能充分認識到基本科學研究的重要性。其結果仍將是僅有實用技術，而得不到科學的真源，要想科學在中國真正生根還是不可能的。

怎樣才能在中國發展新的人文傳統？首先必須是社會上一般人能有一番新的反省和認識。學術界、文化界、教育界、新聞界的責任尤其重大。去年台灣曾舉行過一個關於人文科學與自然科學的討論會，這是一個良好的開端。我重視社會人士的新反省，因為我覺得文化發展的根本動力來自社會，而不是政府。政府在這一方面反而是應當「無為而治」的。「無為」是指政府不應直接提供任何文化發展的「藍圖」；「治」則表示政府應該從旁提供文化發展的條件。這裡有兩項最重要的條件：第一是提供充足的經費，使人文研究可以和科學研究一樣地得到應得的鼓勵和刺激。第二是提供充分的研究自由。人文研究往往涉及資料問題。我在上面特別指出中國的人文傳統是人文研究的首要任務。毫無疑問地，大陸出版的文、史、哲、考古等資料與著作是不可或缺的。我並不主張完全自由地讓大陸書刊進入台灣。但是我覺得為了研究和教學的需要，學術、文化、教育界的人士應該可以視實際需要而收藏大陸的學術性書刊。就我所知，大陸來美的學人回去時可以攜帶海外（包括台灣和香港）的學術作品入境；有不少人在美國特別蒐集台灣的學術著作。台灣的一般自由尺度遠非大陸所能望其項背，不應該在這一點上反而落在大陸後面。我建議政府設計一套可行而又安全的辦法來處理這一問題，以台灣的政治社會體制而言，政府在這一方面應該對自己有充分的信心。少數研究機構的「特

「國學」與中國人文研究

一、「國學」觀念的復甦

自上世紀九〇年代所謂「國學熱」以來，「國學」這個觀念，在消歇了四十多年之後，幾乎一夜之間又在中國大陸復甦了。與其他的「熱」——如「文化熱」、「『後學』熱」相較，「國學熱」具有兩項明顯的特色：第一、它的持續性，十幾年來這股「熱」不但未消退，而且還在繼續增高；第二、它的擴張性，即從學術文化界走向社會。「國學熱」的社會化，尤其是最近幾年的突出現象，電視上有各種「論壇」，著名大學附設「國學」訓練班，培養「企業管理」界人士的「精神資源」，甚至有些地區出現小學生「讀《四書》、《五經》」的活動。大眾傳媒包括電視、報紙、雜誌、網路則極盡推波助瀾之能事。如果說「國學」今天是大陸上一個家喻戶曉的辭彙，大概不算是誇張。

「國學熱」的社會化是一個十分複雜的現象，但不在我要討論的範圍之內。我今天講演的主旨是檢討「國學」和中國人文研究的關係。「國學熱」不但最初是從學術和文化界開始的，而且也在學術和文化界發生了實際的影響。最明顯的，清末以來的所謂「國學大師」重新為新一代人文研究者所發現，他們的著作在淹沒了三、四十年之後也重新受到普遍的重視。

近幾年來「國學大師」的傳記和全集、選集等一直是大陸出版界一個十分興旺的部門。在中國人文研究（如文、史、哲）的領域中，偃後重生的「國學」也不斷擴張它的影響力；許多著名的大學都開設了「國學研究」的專業中心，甚至還成立了「國學研究院」；以「國學」命名或以「國學研究」為主旨的學報也相繼問世。所以我們今天已不能忽視「國學」在人文研究方面的功能和意義。

二、「國學」與「西學」——兩套學術系統的會通

「國學」一詞和「國粹」一樣，最初都是從日本傳過來的。日本早在德川晚期，即十八與十九世紀之交，已出現了一批「國學者」（kokugakusha）。他們可以說是對日本

儒學的反動，強調日本本土學術的主體性。所以「國學」概念的起源還早於「國粹」。這兩個日本名詞在清末都傳到了中國，變成了「中國的國學」或「中國的國粹」。章炳麟、梁啟超、王國維、劉師培等人都曾正式用過「國學」或「國粹」兩字。當時還有一個流行的名詞——「國故」，與「國學」大致相近；章炳麟《國故論衡》在民國初年幾乎人手一編，所以「國故」一詞也風行中國。「五四」以後「整理國故」的運動便承之而起。（胡適說：「『國學』只是『國故學』的縮寫。」）

以上幾個概念，最近討論很多，但我在這裡不可能涉及。我所講的「國學」主要是指中國傳統的一套學術（或知識）系統而言；這個問題應該稍做檢討。中國學術系統及其分科，古今頗有變遷，此處不可能詳論。最簡略地說，古代「六藝」（禮、樂、射、御、書、數）春秋以下即未見流行；孔門「四科」（德行、言語、政事、文學）後世也沒有認真持續下去，不過《世說新語》仍借「四科」之名為人事分類的範疇而已。但南朝宋文帝（四二四至四五二年）建立玄學、史學、文學、儒學四科專門學校則是後世學術分科的一個重要的新開端，影響很大。玄、史、文、儒四科的劃分大概受到魏晉之際荀勗（死於二八九年）將圖書分為甲（經）、乙（子）、丙（史）、丁（詩賦藝）四部有關。「玄」在這一時代主要指易、老、莊「三玄」，即是「子學」；「儒」包括六經；「詩賦」即「文學」；「史」則自始即自成一類，這是盡人皆知的。自唐代以來，考證方法洗禮之後的「四部」之學。前引章炳麟、梁啟超、王國維、劉師培諸人筆下的「國學」一詞便指此而言，因為他們都是從這一學術系統中成長起來的，儘管他們治學的重點和範圍各有不同。但他們願意轉借日本的「國學」一詞作為自家學術系統的代稱，這就表示他們心中還有一個「西學」的觀念；事實上，他們是最先在「國學」與「西學」之間尋求會通的人。這裡也應該對於「西學」的概念及其在清末的涵義稍做一點澄清。

自明末以來，「西學」主要指西方的自然科學，當時稱之為天文、曆算。晚清馮桂芬〈采西學議〉（見《校邠廬抗議》）仍將「西學」等同於現代科技。甚至一八九六年梁啟超編《西學書目表》，情況也沒有基本改變。梁氏所收集的有關西學譯著一共三百種，他分成三類：第一類是「西學」，為上卷，包括算學、重學、電學、化學……等，完全屬於自然科學的範疇。第二類不稱作「西學」而名之為「西政」，包括史志、官制、學制、法律、農政、礦政……等，收在中卷。這些書都是關於西方各國如何處理實際事務的記載，確實和「學」扯不上關係。第三類是「雜類之書」，為遊記、報章等，收入下卷，更不足以當「學」的稱號了。《西學書目表》是一條最可信的證據，證明到一八九六年為止，中國人對「西學」一般的認識大體仍未超出自然科學及其技術應用的範圍之外。當時雖有「西學」大師嚴復，為知識界所普遍尊敬，但他的西方名著翻譯是後來的事。一八九六年十月嚴復〈與梁啟超書〉，中有「拙譯《天演論》僅將原稿寄去」的話，可知梁在編《西學書目表》時並未見到《天演論》刊本（按：《天演論》刊本今可見者以一八九五年陝西味經售書處重刊本為最早，當時似未普遍流通）。據我閱覽所及，最早擴大「西學」這一概念的，其功仍應歸之於嚴復。一八九八年陰曆八月初三日（陽曆九月十八日，即戊戌政變的前三天），他在通藝學堂講「西學門徑功用」，第一次對西學做了比較全面的介紹。他首先在各種專門學科之上，強調「玄學」的重要性，其次又在自然科學之外揭出「群學」，包括政治、刑名、理則、史學等，即今天所謂社會科學（見《嚴復合集》第一冊〔台北：辜公亮文教基金會，一九九八〕，頁一六八—七一）。所以這篇演詞具有一種象徵意義，即「西學」在中國知識人心中的重要性開始從自然科學轉向人文研究。嚴氏所譯諸書，如亞當·斯密，《原富》、斯賓塞，《群學肄言》、約翰·穆勒，《群己權界論》、甄克思，《社會通詮》等都刊行在一九〇一至一九〇四年之間，而上述「西學」從自然科學到人文研究的轉向便發生在嚴譯流行全國的時候，嚴復在這一重要轉折點上所發揮的影響力是決定性的。從此以後，中國學人以「國學」與「西學」對舉而進行討論，其「西學」主要即是指西方人文社會科學而言。

這裡應該鄭重指出：清末學人雖然以「國學」（或「國粹」）與西方學術系統做鮮

明的對比，但卻沒有抗拒「西學」的涵義。相反的，他們基本上承認了「西學」的價值，兼肯定「西學」有助於「國學」研究。所以《國粹學報略例》毫不遲疑地宣稱：「於泰西學術，其有新理特識足以證明中學者，皆從闡發。」這不是一句空洞的門面話，《國粹學報》自始至終（一九〇五至一九一一年）都實踐了這句諾言。其中主要撰稿人之一劉師培表現得尤其積極。一方面，他把自己擅長的文字訓詁之學與斯賓塞社會學觀察互相溝通，而寫了〈論小學與社會學之關係〉（收入《左盦外集》《劉申叔先生遺書》本），共三十三則，認為「西人社會之學可以考中國造字之原」。此外又寫了〈論中土文字有益於世界〉一文，反過來以中土文字的涵義證實西方社會學的觀察。在這一問題上，他也許受了嚴復的影響，因為嚴氏在《群學肄言，譯餘贅語》中已說：「嘗考六書文義，而知古人之說與西學合。」同時章炳麟也同意劉師培以進化論解釋中國文字演變的次第。另一方面，劉氏又做種種努力，以打通中西兩種學術系統之間的隔閡。在這一層面上，他的《國學發微》和《周末學術史序》二書最有代表性。在前一書中，他處處引用西方自希臘、羅馬以至近代哲學、宗教、學術的種種觀念，來闡明中國的經子諸學「合於西儒」。在後一書中他則將中國古代學術思想史，分別繫於西方範疇之下，一一加以論述，如心理學、倫理學、社會學、宗教學、政法學（即政治學）、計學（即經濟學）等共十六類。這明明是要將中國原有的「四部」系統轉化為西方學科分類。

但這不僅劉氏一人如此，王國維批評張之洞主持的大學學科章程，也完全接受了歐洲的知識分類系統，主張將中國原有經、史、子、文四部分別納入哲學、史學、文學、心理學、倫理學等等西方的分科系統之內（見〈奏定經學科大學、文學科大學章程書後〉）。再就史學一門而論，梁啟超所提倡的「新史學」也是以西方系統為依歸。他在〈原擬中國文化史目錄〉中便包括了種族、政制、法律、財政教育、宗教禮俗、學術思想、國際關係、文學、美術等等專史，與同時《國粹學報》鄧實所提倡的「國史」以及章炳麟所構想的「通史」幾乎完全一致。

清末民初是「國學」興起的階段，它構成了現代中國人文研究的主流。以實質內涵而言，「國學」自是中國本土的學術系統，但它自始便要求與西方學術系統互相溝通，並且在概念化方面受到了西方的影響。所以「國學」不能簡單地視為乾、嘉考證學的延續。這一點在它的下一個階段表現得很清楚。

三、「五四」以後「整理國故」的運動

錢玄同論國故研究運動，分為前後二期，以一九一七年劃界。這是因為他斷定新文

化運動為第二期的開始，所以他說：「第二期較第一期研究之方法更為精密，研究之結論更為正確。」（〈劉申叔先生遺書序〉）他是前後兩期的參與者，他的話是值得重視的。

關於第二階段的國故研究，一九二三年胡適為北大《國學季刊》所寫的〈發刊宣言〉將「整理國故」的規畫和意義陳述得非常清楚。這篇宣言是代表《季刊》全體編輯人寫的（編輯共十一人：胡適、沈兼士、錢玄同、周作人、馬裕藻、朱希祖、李大釗、單不庵、劉文典、鄭奠、王伯祥）。寫成後又經過錢玄同的批評，然後才修改定稿。所以〈宣言〉表達了當時「國學界」的共識，不是胡適一人的私見。〈宣言〉開頭便說國學界正處於「青黃不接的時期，只有三五個老輩在那裡支撐門面」。根據他的日記，我們知道這「三五個老輩」是指王國維、羅振玉、葉德輝、章炳麟和梁啟超。這恰可證明「整理國故」是直接繼承清末民初的「國學」運動而起的。因此無論在「承先」或「啟後」方面，第二期「整理國故」和第一期「國學」都持基本相同的態度：在「承先」方面，〈宣言〉首先肯定清代三百年的學術成績為「整理國故」奠定了堅實的基礎；在「啟後」方面，〈宣言〉也主張從中國原有的學術系統向西方近代的學術系統轉移，不過目的更明確，方法更自覺了。

〈宣言〉最有影響的部分是提出：「國學的使命是要使大家懂得中國過去的文化

史；國學的方法是要用歷史的眼光來整理一切過去文化的歷史；國學的目的是要做成中國文化史。國學的系統的研究，要以此為歸宿。」在這一指導原則下，進行「專史式的整理」，包括民族史、語言文字史、經濟史、政治史、國際交通史、思想學術史、宗教史、文藝史、風俗史、制度史，一共十種專史。〈宣言〉要求國學家先在各專史上建立起一個基本架構，然後綜合成一部「中國文化史」的大間架。當然，無論是專史或全部文化史的架構都是開放的，隨時因研究的新進展而不斷修訂，但國學研究必以建立中國文化史的整體架構為最後歸宿，則是「整理國故」的中心意義之所在。

我特別重視這篇〈宣言〉，並不是因為它為中國人文研究的規畫已到了完美的境地。相反地，從今天的眼光看，其中可以批評之處甚多，專史的分類尤可商榷。我重視它，是因為這一設計在二十世紀中葉以前確實發揮了重大的導向作用。從一九二二至一九四九年，「整理國故」的大運動大體是朝著這一方向進行的。「五四」以來所出現的「國學大師」，儘管治學途徑各有不同，整體的看，都是在各門專史上做出了重大貢獻的學者。他們之中，有些建立了專史的架構，有些更從專史架構上攀通史的架構。

總之，前後兩期的「國學」研究都在尋求如何打通中國原有學術系統和西方現代學術系統之間的隔閡。在這一關聯上，我必須一提傅斯年一九二八年所寫的〈歷史語言研究所工作之旨趣〉。這也是一篇重要的文獻，與胡適〈宣言〉同樣具有劃時代的意義，也發生了實際的影響。如果說胡適「整理國故」尚徘徊於中、西兩種學術系統之間，傅的〈旨趣〉則毫不遲疑地準備超越中國的學術系統，一心一意進入西方現代的學術系統。不過他不認為這一新系統是屬於西方的，而視之為普世系統。所以〈旨趣〉特別說：「我們反對『國故』一個觀念。」這句話表面似乎是與胡適唱反調，但事實上則是把胡適所謂「以科學方法整理國故」的構想推到它的邏輯的終點。他已認定「學」無國界，所以說：「要把歷史學、語言學建設得和生物學、地質學等同樣。」換句話說，凡可稱「學」者必是一種「科學」，「科學」則「斷不以國別成邏輯的分別，不過因地域的方便成分工」。所以在史語所最早分組中，歷史學一門中只有「文籍考訂」和「史料徵集」兩組可以與中國原有學術系統（清代以來的樸學）發生關係，其餘都是現代的普世「科學」了。

〈旨趣〉如此，實踐中是否能完全超越「國學」，則是另一問題。但我們不能不承認這篇〈旨趣〉的重要性。

四、回顧與展望

先師錢賓四先生（穆）早在一九二八年就已指出：「學術本無國界。『國學』一名，前既無承，將來亦恐不立，特為一時代的名詞。」（《國學概論．弁言》）這句話常常見引於今天大陸上關於「國學」討論的文字中。但八十年了，這一「時代的名詞」不但仍然存在，而且重獲活力。這似乎說明：中西兩套學術系統至今還沒有融化為一體。我們應該怎樣理解這一歷史現象呢？在這最後一節中，讓我藉著回顧與展望的機會，試著對這個問題做一檢討。

首先讓我們回顧一下錢玄同所說的第一期國故研究，始於二十世紀初年，嚴復通過譯書將「西學」推拓到人文研究的領域。嚴氏譯介的「西學」直接影響到當時國學的新發展。梁啟超一九〇二年撰〈論中國學術思想變遷之大勢〉，在結尾處說：

> 嚴幾道（復）譯赫胥黎《天演論》、斯密．亞丹《原富》等書，方蘇潤思想界。十年來思想之丕變，嚴氏大有力焉……但使外學之輸入者果昌，則其間接之影響也使吾國學別添活氣，吾敢斷言也。但今日欲使外學之真精神普及於祖國，則當轉輸之任者必邃於國學，然後能收其效。（收入《飲冰室文集之七》，頁一〇四）

這是公開承認西學的重要性在於它能為國學「添活氣」，而且也必須與國學相結合它的「真精神」才能「普及於祖國」。所以梁啟超流亡日本後便以速成方式取得日文的閱讀能力，然後泛覽於西方思想史與社會科學。他在西學方面所得雖淺，但眼界為之大開，很快便為國學開闢了新的疆域。一九〇二年他的〈新史學〉發表在《新民叢報》創刊號上，嚴復讀後竟歎為「石破天驚之作」（見〈與張元濟書．十四〉，《合集》第一冊，頁二八三）。他在國學領域中本以史學見長，所以一旦接受了西方史學觀念，即能觸類旁通，推陳出新。他的〈中國學術思想變遷之大勢〉也顯然是從日人所撰思想史之類的著作中獲得啟示，與中國傳統的「學案」截然異趣。胡適說他後來走上中國哲學史研究的道路便是受了此文的影響（見《四十自述》，《胡適全集》第十八冊〔合肥：安徽教育，二〇〇三〕，頁六二）。可見這篇融會西學與國學的論文確有轉移學風的大功績。

另一支受嚴復譯書的激發而會通西學與國學的則是《國粹學報》派，其中尤以劉師培和鄧實兩人的文字最有代表性；他們都對嚴譯斯賓塞《群學肄言》十分傾服。鄧實深信斯賓塞的社會進化論，認為完全合乎「黃人進化之階段」。劉師培在日本期間（一九〇七至一九〇八年）更廣讀社會學著作，對嚴復的觀察做更進一層的回應。嚴氏在〈譯群學肄言自序〉（一九〇三年）中說：「群學何？用科學之律令察民群之變端，以明既往測方來也。」（見《合集》本，第一冊，頁二九四）這是十九世紀流行的實證主義觀點，相信社會科學也和自然科學一樣，最後可以找到進化的規律（「科學之律令」）鑑往而知來。劉師培當時也接受了這一觀點，所以在〈論中土文字有益於世界〉（一九〇八年）中加以發揮，最後並指出，在西方社會學著作中，「以斯賓塞爾氏、因格爾斯氏之書為最精」（收入《左盦外集》）。「因格爾斯」即恩格斯，這是指《家族、私有財產與國家的起源》一書而言，代表了實證主義的最後歸宿。必是沿著這條西學的思路，劉師培才翻譯了《共產主義者宣言》。這是從嚴復譯書派生出來的另一支西學，而且和梁啟超所傳承的一支相同，後來也在國學研究上激起了波瀾，即馬克思主義史學在中國的興起。一九三〇年郭沫若《中國古代社會研究》是這一方面的開山之作；此書以恩格斯《家族、私有財產與國家的起源》為理論根據，而充分運用了王國維卜辭研究的創獲。這一發展大概不是當年劉師培和《國粹學報》派所能預見的。

在結束第一期國故研究的回顧之前，我們必須對王國維所代表的一支西學有所論述。王國維當然也受過嚴譯西書的影響，但是他早年便已取得英文和日文的閱讀能力，而興趣又偏於純哲學，因此對嚴復的西學取徑頗有微詞，認為嚴氏「所奉為英吉利之功利論及進化論，不解純粹哲學」；所譯西書不過是「哲學之各分科如經濟、社會等等」而已（見〈論近年之學術界〉，收入《靜安文集》，《王靜安先生遺書》本，第四冊）。王國維的評論大體合乎事實，不過說嚴氏「不解純粹哲學」，則嫌下語過重。十九世紀下半葉正值黑格爾在英國哲學界如日中天的時代，後來反對德國唯心論的羅素和穆爾（G. E. Moore）無不經過一個黑格爾的階段。嚴復留學英倫適逢其會，不可能逃得過黑格爾的影響。他在一九〇六年寫〈述黑格兒惟心論〉（原加英文「Hegal's Philosophy of Mind」）一文，對黑格爾的「心」之三義——主觀心、客觀心、絕對待心——加以分辨，並對主、客二心做了簡要的介紹。文末復將日耳曼哲學譜系畫出一個大輪廓，從康德、費希特（Fichte）、謝林（Schelling）一直講到黑格爾和叔本華（見《合集》第二冊，頁四四六—五五）。嚴復誠然不是玄思型的學人，但我們並不能因此而說他「不解純粹哲學」。

概括地說，王國維最初雖也假途於嚴譯而接觸到的西學，但是他另闢途徑，不久便突破了嚴復的藩籬，把西學推拓到哲學的領域。自一八九九至一九〇五年，他足足有六、七年的時間浸潤在康德、叔本華、尼采等人的著作之中。同時由於教學的關係，他也涉及心理學、社會學、名學、法學各科，並譯英、日有關教材為講義。所以在二十世紀初年，他代表了西學在中國的最高水平，無論就廣度或深度而言，都當之無愧。但同時我們也都承認：在第一期國故研究中，王國維的成績最為出類拔萃。那麼他的西學和國學之間是不是有一種內在的聯繫呢？讓我們先看他自己的說法：

> 余謂中西二學，盛則俱盛，衰則俱衰。風氣既開，互相推助。且居今日之世，講今

日之學，未有西學不興而中學能興者，亦未有中學不興而西學能興者。（〈國學叢刊序〉，收入《觀堂別集》卷四，《遺書》本第三冊）

此序撰於一九一一年，正值他告別西方哲學轉入經、史、甲骨、金文學研究之際。從「互相推助」一語推測，這幾句話也許是他現身說法。陳寅恪為他的《遺書》作序，曾扼要地舉出三個方面以概括他的學術特色：「一曰取地下之實物與紙上之遺文互相證釋」；「二曰取異族之故書與吾國之舊籍互相補正」；「三曰取外來之觀念與固有之材料互相參證」。關於最後一方面其具體的表現是在「文藝批評及小說戲曲之作，如《紅樓夢評論》及《宋元戲曲考》等」。陳寅恪的概括極為精到，但讀者不可誤會王國維所受西學的影響僅限於早年所吸收的日耳曼哲學。事實上，西學對他的影響是一種整體性的，不在一枝一節之間。除上述哲學與社會科學外，歐洲歷史也在他的博覽範圍之內（見〈歐羅巴通史序〉，收入《靜安文集續編》，《遺書》本第四冊）。因此我認為後期他從哲學、文學轉入史學、考古，也依然得力於他在西方人文學術的深厚修養。羅振玉說他東渡日本之後「盡棄前學，專治經史，日讀注疏……又旁治古文字聲韻之學」（《觀堂集林·序》），好像他完全局限在乾嘉考證學的範圍之內。按之實際，此說未免言過其實。我認為還是他的弟弟王國華的話最為公允：

> 先兄治學之方雖有類於乾嘉諸老，而實非乾嘉諸老所能範圍。其疑古也，不僅抉其理之所難符，而必尋其偽之所自出。其創新也，不僅羅其證之所應有，而必適其類例之所在。此有得於西歐學術精湛綿密之助也。（見《遺書・序三》）

這就是說，王國維已將西方人文修養融化在自己治學的整體方式之中。因此無論是以卜辭考商史或參照他族故書以重建遼、金、元史地之學，其中都貫注了西學的精神；他提出的問題及其解答問題的方式都越出了乾嘉考證的範圍之外。我們只要舉〈殷、周制度論〉（《觀堂集林》卷十，《遺書》本）便可以說明一切了。這篇轟動一時的名文撰於一九一七年，即新文化運動（白話文革命）開始之年，其中並未引用任何西方學說，但全文以「政治與文化之變革」為基本概念，而統整無數具體的歷史發現於其下，層次分明。如果不是由於對西學已探驪得珠，他根本不可能發展出如此新穎的歷史構想。

以上我們回顧了第一階段國學與西學的互相交涉。大體上說，梁啟超以為西學昌則「必使吾國學別添活氣」或王國維所謂「中西二學，盛則俱盛」恰好可以概括這一階段的特色。

總之，在這一階段中，中國的國學家，除王國維外，對於西學雖都不免淺嘗而止，但他們的視野卻因之而大開，中國人文研究的現代化便由此發端。

關於「國故運動第二期」，讓我解釋一下為什麼錢玄同斷言：「第二期較第一期研究之方法更為精密，研究之結論更為正確。」首先這是因為錢氏心中有「科學方法整理國故」這句口號。這一口號是胡適最早提出來的，但很快便獲得主流國學界的普遍接受。其次，胡適自一九一七年回國以來，便全力提倡「方法論運動」。他的《中國哲學史大綱》事實上也是一部以方法論為中心的歷史研究，因為它的前身即是《中國古代邏輯方法的發展》（原為英文）。從一九一七年起，他在《北京大學月刊》上發表了一系列的〈清代漢學家的科學方法〉，後來（一九二一年）又擴大整理成〈清代學者的治學方法〉（收入《胡適文存》第一集），在這篇影響極大的論文中，他不但肯定了清代考證是「科學方法」，而且更進一步把「科學方法」總括成「大膽的假設，小心的求證」十個大字，一直流傳到今天。錢玄同對胡適所提倡的「科學方法」是很信任的，他也相信方法愈「精密」，研究的結論便愈「正確」，所以他才毫不遲疑地對於第二期的國故研究做出上述的論斷。

如果從國學與西學的關係著眼，我們可以說，第二期與第一期最大的不同是新一代學人中很多已在西方接受了人文研究的長期訓練，因此能出色當行地將西學和國學直接結合起來，不必再假途於日本了。胡適的《中國哲學史大綱》之所以成為第二期國故研究的「典範」（paradigm），開闢了一代的學術風氣，其原因便在這裡。正如蔡元培為該書作序所說的，胡適一方面能運用清代的考證方法駕馭材料，另一方面又能參考西洋哲學史的形式構成一個完整的系統。

第二期的另一重大特色是西方人文社會科學全面進入了中國高等教育的系統；大學文、法兩院的科系基本上是仿照西方（特別是美國）體制而建立起來的。當時中國人文社會科學家中出現了一種新的聲音，即要求將所謂「國學」研究分門別類地收入各學科之內，如哲學、文學、史學、政治學、經濟學、社會學、法律學等等。這一構想比第一期的劉師培又向前跨了一大步；劉氏不過試用西方學科分類以組織中國史料，但他並沒有否定「國學」是一個相對獨立而自主的研究領域。上述某些新一代的學人則不然，他們認為西方人文社會科學，和自然科學一樣，已取得了普世的有效性，可以應用於任何文化或社會。因此金岳霖才認定「中國哲學」應該理解為「在中國的哲學」（Philosophy in China），而不是「中國的哲學」（Chinese Philosophy）。正如「中國物理學」只能是「物理學在中國」，而不是「中國的物理學」（Chinese Physics），因為嚴格地說，後者是根本不存在的。又如前面所引傅斯年的話，要把歷史學建設得和生物學、地質學一樣，這和金岳霖的觀點顯然是一致的。不但如此，他和李濟都不承認「國學」或「漢學」（Sinology）是一個嚴格意義上的學科（academic discipline）。李濟晚年與人討論

「漢學」問題，曾很坦率地說：他只知道趙元任是語言學家、陳寅恪是歷史學家，但不願稱他們為「漢學家」。

第二期之所以有此新觀點的出現也是很自然的，由於「五四」新文化運動對於「賽先生」（Mr. Science）的無上崇拜，至少知識人在有意無意之間發展出一種今天稱之為「科學主義」（Scientism）的心態。這一心態在當時主要表現在三個方面：第一、他們深信科學（指自然科學）所取得的知識是最可信、最有價值的知識（如物理學的知識）。第二、他們也深信，人文社會科學是追隨著自然科學的成功榜樣而發展出來的。雖然由於研究對象不同，人文社會研究也許永遠達不到與自然科學同樣高度的精確性，但所建立的知識則必然屬於同一性質。第三、他們又相信，有一種普遍性的研究方法可以取得客觀的知識，無論用之於自然科學或人文社會科學都同樣有效；這便是所謂「科學方法」。從這三項互相關涉的信念出發，於是他們之中有一部分人要求將國學研究分別依其性質納入西方各種學術紀律之內加以處理；他們的理由是：唯有如此，國學研究所取得的新知識才能具備「科學的」身分。

但是這一新構想僅存在於理論上，實踐中則未有著落。這是由於人文研究和自然科學之間大有分別。晚清以來，中國學術和教育界已完全接受了西方自然科學的系統，將自家原有的一套拋棄了（詳見我的〈環繞著「李約瑟問題」的反思〉，收入《中國文化史通釋》（香港：牛津大學出版社，二〇一〇）。因此在自然科學領域內，基本上不存在中西之間的歧異（除了醫學方面偶有所見之外）。但人文研究在中國早有一個源遠流長的傳統，清末以來中國學人雖引西學與國學相映發，並不斷地尋求兩大學術系統的會通，但到現在為止，二者仍未脫「二水分流」的狀態。中國原有的學術系統，我在本文之始已略做概括，這裡不必再說。我只想指出，這一系統有它自己特有的問題及其解決方式與技術，並不能輕易地為西方系統所吸收。這裡首先是因為人文社會現象與自然現象不同，後者是普世性的，沒有地域、民族的界線，但前者則無不受地域、民族、文化的制約。其次，西方的人文、社會科學是根據西方的特有的經驗建立起來的。儘管這些學科與自然科學一樣，也都採取了普遍的形式，它們所概括出來的原理或規律畢竟不能「放之四海而皆準」。舉例言之，一個在西方受過哲學史專業訓練的人絕不可能把他學習西方哲學史的心得和經驗原封不動地全部搬到中國哲學史的研究上面，甚至也不可能立即在中國哲學文本中展開工作。他必須另外接受一套中國傳統學術的訓練，特別是經學和子學，否則他將面對著大量的中國資料而手足無措。前引蔡元培說，胡適同時受過西方哲學史和中國考證學的雙重訓練，因此能在一年之中寫出《中國哲學史大綱》；這句話更為我們提供一條實證。不但如此，胡適中年以後決定改用「中國思想史」的名稱，也極值得注意。他從中國文獻的研究過程中顯然已發現西方「哲學」這一概念，用在中國材料上並不完全恰當。

以實際的研究成績來說，第二期擁有相當輝煌的紀錄。胡適的《哲學史大綱》建立了新的典範，影響很大，但開創之作，疏略是不可避免的。深入西學之後轉而在國故研究方面做出重大貢獻者，代有其人。以老一輩而言，如陳寅恪的史學、傅斯年的古代民族史、湯用彤的佛教史、蕭公權的政治思想史都代表了中西融合的學術精品，比胡適的開創之作成熟得多了。又由於西學已普遍傳入中國的關係，從中國學術系統中出身的人此時也同樣可以靈活運用西方的觀念和著作方式，在國故研究的領域中寫下傳世之作。就我較熟悉的史學界而言，陳垣、柳詒徵、呂思勉、顧頡剛和先師錢穆五位大師可為典型代表。總結地說，從一九二〇年代到一九四九年，第二期國故研究是在新典範之下進行常態的工作，創獲極多，不僅見於專書，而且以現代論文的方式出現在當時許多第一流學術刊物上面，如北大《國學季刊》、《清華學報》、《中央研究院歷史語言研究所集刊》、《燕京學報》等等。因此這一期的成績得到國際漢學界（日本和西方）的高度重視，限於篇幅，這裡不能詳說了。

前已言之，在第二期中，西方人文、社會科學已深入中國學術和教育體制之內，與第一期截然不同。但就王國維所謂「中西二學，盛則俱盛」一點而論，第二期和第一期則仍然是連續的。國學和西學雖未能融成一體，「互相推助」卻比第一期更為密切；這也是一個很明顯的趨勢。一九三七年日本全面侵華，學術研究自然受到嚴重的影響。但由於三〇年代學人所積累的研究成果十分豐厚，許多名著都是在抗戰時期出版的。如果上述趨勢能延續下去，「中西二學，盛則俱盛」的局面或將有新的發展，也未可知。但不幸的是，一九四九年是中國現代學術史上一大劫數，以下三十年間「中西二學」竟同時進入「衰則俱衰」的階段。

一九四九年八月十六日胡適〈致趙元任夫婦〉信說：

> 七月七日香港《大公報》記「全國社會科學工作者代表會議」籌備會，於七月十七日在北平開幕……朱德說：「世界上只有一種正確的社會科學，這就是馬克司、列寧主義。」Wonderful！（《胡適全集》卷二五〔合肥：安徽教育，二〇〇三〕，頁四一三）

所以自一九四九年起，西方人文、社會科學和國故學同時從中國大陸上消失了。一切有關中國歷史、文學、思想之類的研究，以前屬於「國故」範圍的，此時則全部收進了馬列主義的分科系統之中。前面已指出，第二階段曾有人主張將國故研究分別納入西方人文、社會科學的系統之中，但他們的願望未能實現。現在馬列主義者憑藉著政治權力居然得到了成功，將國故拆散了，收進另一套西方「正確的社會科學」之內。從這一特殊意義上說，第二階段以西學為普世真理的意識不但延續到一九四九年以後，並且由潛之顯，一變而成為不容質疑的欽定信仰了。

大陸上「中西二學，衰則俱衰」的狀態在上世紀八〇年代初開始變化。八〇年代的「文化熱」清楚地顯示：在中斷了三十年之後，新一代知識人對西方人文學術和思想發生了無限的嚮往。與此同時，有關「中國文化」、「儒家」、「孔子」，甚至「國學」的討論也出現了，不過遠不能與「文化熱」相比而已。但由於盡人皆知的原因，一八九〇年代，知識人對於西方文化的嚮往已無法繼續下去了，代之而起的則是「國學熱」。這兩種「熱」本身的成分都是很複雜的，二者興起與衰落的歷史背景也不是幾句話可以說得清楚的。和「文化熱」一樣，「國學熱」也是一個社會政治運動，因此不在本文討論的範圍內。在結束本文之前，讓我把「國學」僅僅當作一種純學術性的活動，做一點展望。

首先我要指出，今天「國學」和「西學」的生態都已和一九四九年以前的情況大為不同。以國學而言，由於老輩凋謝，繼起的人很少，已無法維持「國故」第二期（一九一七至一九四九年）的研究水平了。過去屬於常識層面的東西，現在或不免已解人難索了。所以如何重建國學這塊園地，使它既有森嚴的紀律，又復欣欣向榮，是當前一個最迫切的任務。以西學而言，自一九六〇年代以來，西方中心論和實證主義思維（科學主義即其最極端的表現）已漸漸失去以往的主流地位。英、美分析哲學的霸權之受到歐洲大陸種種思潮的挑戰，尤其具有劃時代的意義（參看本書所收〈對塔說相輪〉及〈補篇〉）。「後學」——「後現代」、「後結構」、「後殖民」——的興起，新左派、多元文化論等的流行更使人眼花撩亂。中國知識人如果對西方學術和思想史缺乏通貫的認識，但又急於以西方文化為參照系統重新「整理國故」，他所面臨的陷阱是無數的。第二期的特色是「以科學方法整理國故」，今天很可能變成「從後現代主義的觀點解構前現代的國故」。此事偶一為之未嘗不能如匡衡說詩，足解人頤，但若真想由此捷徑重建中國的歷史與文化，則國故的前途將是很渺茫的。

最後我要鄭重地指出，一方面由於西方中心論、科學主義走向式微，而另一方面文化多元論已逐漸成為人文、社會科學界的共識，國學作為一門學術已不再有消解於西學之中的危險。中國自有一個源遠流長的人文研究傳統，這一傳統雖在近百年中受過西學的不斷刷新，卻仍然未失其原有的文化身分（cultural identity）。我們只要稍稍檢視一下「五四」以下三十年間國學界留下來的一些經典作品，上述的論點便可以得到充足的印證。但國學必須繼續保持它向西方人文社會科學的開放性；在這一方面它和第一、第二期的態度是一脈相承的。所不同者，西學不應再被視為「科學之律令」或普世的真理，

台灣人文研究之展望

今天我講「台灣人文研究之展望」，都是稱心而談，不加修飾，說的是平淡的實話。

從事中國人文研究的人心中大概都記著司馬遷所說：「究天人之際，通古今之變，成一家之言。」這句話的中心觀念是歷史意識。每個人窮究古今的方法不同，唯一共通的是研究古代史更需要跟現代連結，「我們從何而來？」今日的處境現況，絕非昨天晚上才發生的，也不是五分鐘前突然發生，背後都有很長的歷史。以「人」的歷史為中心，更推到「人」與「天」——即超越的精神世界——之間的關係。我們可以說：中國人文研究的傳統，是以史學為基地，然後擴展到哲學和文學等領域。王陽明說「五經皆史」，章學誠說「六經皆史」都表達了這一中心觀念。

中國人的歷史意識特別強，這是公認的。以人文研究來講，中國人所謂「經史子集」，最後都推論到史學。尤其是清朝，清朝人將經學視為歷史來研究，民國初期的知名學者柳詒徵老先生曾說，清朝人是用歷史的方法來研究經學，經學不只是微言大義，教我們做人、治國、平天下，而是從歷史的觀點來看經學，中國的人文傳統跟歷史的延續性有很大的關聯。希臘人則把史學看得很低，在柏拉圖或亞里斯多德思考系統中，史學家地位遠不及哲學或詩學，西方史學嚴格說來，直到十八世紀以後才有新的發展。即使在二十世紀以後，中國已受到了西方學術和思想的很大影響，中國人文研究仍然保持了傳統的特色，即史學在現代人文學術中還是占據了中心的地位，這裡不可能細說，但這個中國特色是必須指出的。台灣作為中國文化的一個地區，也具有同一特色。

台灣在人文學科的優勢之一：未經歷暴力革命摧殘

要談台灣的文化傳統與將來的人文研究發展，得追溯台灣的人文生態。台灣與香港（澳門可與香港合論）同樣未經暴力革命摧殘，是中國僅有的兩個地區，所以現代化過程也比較順利。

我在一九五〇年一月一日進香港，師從錢穆先生，之後就一直關心香港。香港從五〇年代到今天，有很大變化，現代化相當成功，當然九七之後又是新局面。香港與台灣在爭取言論自由、學術自由的意識都很強大，直到今日，六四燭光晚會還是相當多人參與。

政治原因就是它現代化進步的關鍵。儘管當初英國殖民時，並不鼓勵政治學，香港大學不辦政治系，英國的自由主義、政治思想，從約翰．洛克（John Locke）、托馬斯．霍布斯（Thomas Hobbes）到約翰．彌爾（John Stuart Mill），都是非常有名的思想家，但香港大學並不鼓勵殖民地的青年去研究這些重要的民主、自由權利等觀念，要求民主人權、自由是香港的中國人自己慢慢摸索，發展出來的。

但英國留給香港一個法治基礎，這點很了不起，不像法國殖民地常是一塌糊塗。英國撤退後的殖民地，從亞洲到非洲，都以法治著稱，這是大家看得到的。

香港一八四二年便割讓給英國了，因此一九一一年辛亥革命沒有波及這塊地方，後來一波猛過一波的暴力革命也碰不到香港，因為沒有經過暴力革命，才能保存極老的東西，大清律直到五〇年代都還有效。中國古樂、舊詩詞、書畫等在香港也維護了下來，沒有中斷。英國人尊重香港原來的風俗習慣，當西方事物進到香港，香港人也未全部接受，保留了舊有的自己，跟日本人很像。

日本是亞洲現代化最成功的地方，也正是由於它沒有發生暴力革命。中國的馬克思主義是由日本傳入，而非直接由歐洲、俄國傳入。日本有了馬列主義後，並不照單全收，他們喊著要「脫亞入歐」，就是中國人所說的「全盤西化」，但他們仍然保存了自己的種種傳統並能夠自由選擇，沒有暴力革命，就能夠如此，香港、台灣也是。

台灣在一八九五年割讓給日本，這很不幸，就中國而言當然更是「國恥」，當時台灣居民也全力反抗過，但是歷史上再壞的事情也埋藏著好事的種子，這便是所謂「意想不到的後果」。日本強占台灣本是一種霸道侵略，但卻使台灣免於革命的摧毀。

中國的辛亥革命也罷、第二次革命也罷，甚至一九二五、二七年國民革命加上共產黨的革命，台灣都避開了。沒有流血革命，社會結構便沒有受到直接的衝擊。二〇年代中國革命的時候，喊著要打倒豪強地主，到處殺人，和王國維很熟識的葉德輝被扣上反動派的帽子，在湖南被活活打死，王國維也因此一刺激而自殺。相反地，台灣沒有經過暴力革命，保留了慢慢轉變的可能。

儘管有些轉變非大家所願，台灣作為殖民地，人民被當成次等公民，當然有屈辱感，但受日本統治的五十年期間也得到了一些好處，也是一種「意想不到的後果」。比如抗戰之後，我們才明白日本人基礎教育相當好。傅斯年接收台灣大學時，也研究了台灣大學的歷史，他非常讚揚台灣大學講座教授的制度，每位教授都有一間實驗室，教授整天都在學校；反觀中國的大學教授只進來講課，其餘時間都在兼差。另一方面，中小學教育也在日治時代奠定了較健全的根柢。

台灣的人文傳統也一直存在，梁啟超訪台時，林獻堂和許多台灣詩人來歡迎他，和他唱和極多。這裡顯示台灣保留中國古典詩文的傳統，也就是人文傳統的延續。史學傳統在台灣也延續下去，如連雅堂先生所著《台灣通史》，就是從傳統中國史學而來，中國史學大師章太炎也對連雅堂先生十分恭維。台灣的民間傳統更是有其連續性，媽祖信仰就是其一。我們不能看輕這些延續，它讓台灣有個底子，為中國人文研究在台灣提供了源頭活水。這一源頭活水正是由於台灣未經革命暴力才能流傳下來。

台灣在人文學科的優勢之二：一九四九年之後加入的中國流亡知識人

一九四九年後許多中國大陸一流學人流亡到台灣，對台灣更是重要，記得一九五二年胡適到台大演講，恭維台大文學院人才濟濟，為以往大陸上文學院所少見。這正是因為當時許多第一流文、史、哲學人流亡到了台灣。以貴校政治大學而言，也是如此。如陳大齊先生，他是北京大學最早研究邏輯的學者；王雲五先生也曾在政大培養出許多人才。

台灣民主化本身的主體性很重要，但有一種助緣無法忽略，便是《自由中國》這份刊物正式提出民主、自由、人權，影響甚大。杭廷頓（Samuel P. Huntington, 1927-2008）

認為南韓跟台灣的民主化主要受到基督教的影響。我不清楚南韓的歷史，台灣當然也有基督教長老會，但正面提出民主跟政府直接對抗的是《自由中國》所集結的流亡知識人群體。這個群體對台灣民主化的貢獻是很大的。

民主化結合了外省人與台灣人，這是普世價值，打破任何地區性，甚至文化界線。中國雖然沒有「人權」、「民主」這類名詞，但是類似的意識則是有的。「自由」與「平等」因佛教關係，早已流行於中國，不過現在不能詳說。

胡適之在美國任大使時，曾以「Historical Foundations for a Democratic China（民主中國的歷史基礎）」為題演講，論及中國傳統中也有一些觀念和制度，可以有助於中國的民主化。胡適之在中文作品常嚴厲批評傳統，那是為了打破有些中國人的自大狂；但他在美國的英文文章和演講都強調中國文化的好處，所以看胡適之文章應該中、英文並看，才能真正全面地瞭解他的想法。由於中國文化中潛存著對於「民主」、「法治」、「自由」的嚮往，所以十九世紀晚期儒家學者如王韜、郭嵩燾以至於康有為都對西方的政治、法律系統十分讚揚，比之於中國的「三代之治」。總之，《自由中國》一派人提倡的現代價值在一九五〇年代為台灣的人文學術開拓了廣闊的視野。

我首先提到《自由中國》的知識人群體，是因為這一群體對台灣後來的人文和政治生態發生過直接與間接的影響。台灣今天之有民主轉型，追源溯始，不能不想到《自由中國》。但一九四九年以後，台灣的人文研究更因為流亡知識人的大批參加而改變了方向。在日治時代，無論是中國歷史與文化的研究或西方的主流學術與思想，在台灣似乎都是缺席的，大概和日本的殖民地政策有關。一九四九年以來，由於大陸上過去第一流的文、史、哲學人大量湧入台灣，島上的人文研究很快便進入了一個全新的階段。最近五、六十年來，一方面台灣在中國文化與歷史研究的領域中做出了許多原創性的貢獻，這是世界學術界所承認的；另一方面，西方人文社會學科在台灣不但已根深柢固，而且也經過吸收融化，達到了中國本土化的階段。這兩方面的成就最初都顯然是流亡學人從中國大陸傳布過來的。

讓我略說幾句關於二十世紀上半葉人文學術研究在中國的發展情況，因為這是一九四九年以後台灣在這一方面占絕對優勢的歷史背景。一八九五年台灣割讓之後，中國歷史與文化的研究忽然發生了一次大躍動。由於甲骨、金文、漢晉簡牘、敦煌文書與新史料大量發現，中國歷史從古代殷、周到中古漢、唐，都必須重新展開研究。當時全世界漢學家都熱烈地參加了這一學術新潮，而中國學者則在這一方面取得了最突出的成就，如王國維便是早期的一個顯例。接著「五四」新文化運動興起「以科學方法整理國故」，構成中國人文研究的主流。從二〇年代到四〇年代，這一研究領域在中國異常活躍，出產了豐富的學術成果。今天大陸上出版的「國學大師」系列，都是在這二、三十年中出現的人物。今天回顧起來，二、三〇年代中國人文研究可以說是居於領先世界的地位。當年胡適和陳垣曾討論到如何將「漢學中心」從巴黎和日本京都搬到北平。這並不是無根據的狂妄、自大，試看二十世紀下半葉的日本與西方漢學發展的情況，便立刻可以發現陳垣、胡適、陳寅恪、湯用彤、錢穆、馮友蘭、顧頡剛、李濟、董作賓……這些大師的著作在國際上發生了多大的影響。一九四九年以後，許多著名的國際漢學作品往往是建立在他們所奠定的基礎之上。姑舉一例，以概其餘。荷蘭的許理和（Eric Zürcher, 1928-2008）在一九五九年出版了一部經典之作《佛教征服中國》（*The Buddhist Conquest of China*），寫的是漢至南北朝的佛教史。許理和在序言中感謝兩位遠東的前輩，都是未見過面的，首先是中國的湯用彤，其次則是日本的塚本善隆。事實上，塚本的研究以北魏為主，湯用彤則完成了漢至南北朝的全部佛教史。所以湯用彤的整體結構對許理和更具參考價值。我們細細比讀二書，便可知其詳。日本漢學界對上述諸大師的研究，也一直在密切注視和跟蹤中，稍稍熟悉二十世紀中葉以降日本漢學的人大概都很清楚，不必詳述了。所以在抗戰前後幾十年中，中國人文學術與思想一直處於上升期，「漢學中心」已在不知不覺中轉移到中國來了。

「五四」以後，中國學人學習和吸收西方人文社會學術也從「登堂」躍進到「入室」的地步。自從美國退還庚子賠款，用以派遣留學生，直接入美國大學之後，不少中國青年受到嚴格的專業訓練，對於西方文、史、哲及社會科學都能深造自得。其中有些最傑出的且能著書立說，與西方學人並驅爭先。所以「五四」以後「西學」的水平在中國一天高於一天，遠非以前嚴復、梁啟超、王國維時代所能夢見。

以上我講的是二十世紀上半葉中國人文社會科學突飛猛進的狀態。這兩大領域的業績當時都無法傳入日治下的台灣。弄清楚這一背景，我們才能把握到：中國人文研究的傳統從大陸移植到台灣的重大意義。一九四九年是一道分水線：中國人文研究從這一年開始忽然在大陸上斷裂了，一直要到三十年後才有人在廢墟上試著重新出發。與大陸對照之下，台灣在一九四九年以前和中國人文研究主流是隔絕的，但此年以後，不但全面承擔了這一主流，而且推陳出新，無論在「整理國故」或吸收西方文、史、哲與社會科學方面，都超過了一九四九年以前大陸的成績。這裡我又要提一提上述的《自由中國》知識人群體的影響。《自由中國》的象徵精神領袖不是別人，恰好是胡適。他早在〈新思潮的意義〉（一九一九年）一文中，就提出「輸入學理」和「整理國故」兩大綱領，曾對一九四九年以前大陸的人文研究發生過指導作用。一九四九年以後他也把這兩大綱領帶進了台灣。《自由中國》的早期作者之中既有國故整理者，也有西學輸入者，對於此後台灣人文社會科學的發展顯然有刺激作用。

反觀一九四九年以後的大陸，人文研究真是慘不忍睹。「整理國故」、「輸入學理」既是胡適提倡的東西，當然都變成了「資產階級的毒草」，非連根拔掉不可。一九五七年「百家爭鳴」時期，許多國故學家和社會科學家都曾為過去幾十年中國人文研究的傳統辯護，希望能恢復一九四九年以前的學術思想自由，其中尤以雷海宗先生最坦率。雷先生早年在芝加哥大學研讀西方古代史，造詣很深；回清華後則教秦漢史，也具創見。他指出馬克思主義、列寧主義所根據的資料都是十九世紀中葉陳舊的社會科學（如摩爾根〔Lewis H. Morgan, 1818-1881〕《古代社會》〔*Ancient Society*〕），而蘇聯在社會科學方面十分落後，遠不能與西方（英、美）相比。等到「鳴放」變成了「反右」，雷海宗便被打入十八層地獄，憂憤而終。「以科學方法整理國故」也立即遭到全面的唾棄。早在一九四九年五月陳垣便以國學大師的身分，寫信給胡適，說他已改奉「辯證唯物論」和「歷史唯物論」為「治學方法」。他更進一步指出：他以前和胡適共同運用的「科學的治學方法」是錯誤的。

這就等於正式宣告天下：乾嘉以至現代所發展出來的文史研究方法——所謂「考證學」——必須讓位給馬列了。一九五七年向達指責馬列主義「史學」只開「五朵花」（按：即歷史分期問題、資本主義萌芽問題、農民戰爭問題、封建土地所有制問題和漢民族形成問題），其實便是抗議馬列教條將中國史學束縛得太緊了。史學的「五朵花」和文學創作的「五把刀子」（胡風語）在性質上完全一樣，扼殺了中國文、史、哲等領域的生機。所以從一九四九年到一九七八年這三十年間，中國的人文世界簡直是一片荒涼。以我較熟悉的史學而言，「五朵花」指導下大量編輯和撰寫的書籍與論文，只有完成當時政治任務的功用，在史學知識方面毫無價值可言。這和俄國史學名家古納維奇（Aaron I. Gurevich）所描述的前蘇聯史學界的情況幾乎完全一樣：史達林時代所編著的史學作品今天都早已扔到廢紙筒中去了。但台灣的史學界在同一時期則出版了許多有價值的文、史、哲著作。陳垣雖說自己已改宗馬列，在五、六〇年代卻一直託澳門的友人為他購寄台灣、香港的史學新作與學術專刊。八〇年代以後，大陸學人出國訪問的，首先便是要尋找台灣的出版物。最有趣的例子是周一良，他是魏晉南北朝史名家，但長期被迫研究日本的近代史，並無顯著成績可言。八〇年代後他到了美國，第一件事便是託人購買嚴耕望先生的兩大部秦漢與魏晉南北朝的地方行政史，這是他後來在自傳中所做的回憶，自然是可信的。

最近三十年來，大陸的人文社會科學已與國際接軌，中國文、史、哲的論著也大量產生。但前面三十年的斷層畢竟影響太大。台灣則恰恰從一九四九年起接上了人文研究的傳統，一直延續和發展到今天，其根基是相當鞏固的。相比之下，大陸上人文學術常常流於通俗化而發生種種「熱」。這便是基礎不牢的表現。人文社會科學界又往往出現「抄襲」事件，更足以令人擔憂。所以台灣人文研究的優勢是一個無可否認的事實。不用說，我們也期待台灣人文社會科學界今後能承擔起更大的責任。

但是我並不是對台灣一味地盲目樂觀，而看不見它的限制。下面讓我對台灣人文研究的未來表達兩個期待。

台灣人文研究的未來之一：學習與科學溝通

台灣由於受到世界一般觀念的影響，很久以來便有重科技而輕人文的明顯傾向。一般來說，自然科學已成為基本模式，人文研究必須跟隨自然科學，亦步亦趨。

我聽人說目前台灣學界在評估人文研究方面似乎也採用自然科學為基本模式，中央研究院也是如此。譬如自然科學領域，以用外文發表文章於國際學報為最高成績。這當然有一定的合理性。但人文研究，特別是關於中國文、史、哲學研究，是否也必須追隨此模式，則大可商榷了。

例如研究中國文學也得用英文發表在西方公認的雜誌上，就太過頭了。不可否認，西方的漢學家用英文、德文、法文發表了不少第一流的論著，但是中國學人的中文研究也有不少是第一流的。人文與自然科學應當各得其所，大家都不應該受委屈。台灣應當努力克服科技當令，視人文為無足輕重的心態。這一心態雖不易改，但卻不能不改。西方固然也有此趨向，但人文學術的地位仍然崇高，不像台灣這樣懸殊。

一九五九年英國科學家兼作家史諾（C. P. Snow, 1905-1980）發表了「兩種文化與科學革命」象徵著科學已佔上風。依他所言，英國以往管理國家、學術與文化政策者，均為人文科學出身，不懂科學就做決策。此論一出引發很大的爭端，最後變成轟動一時的大辯論。二〇〇〇年英國最著名的文化記者華特生（Peter Watson）寫了一部《現代心靈：二十世紀知識思想史》（*The Modern Mind: An Intellectual History of the 20th Century*），時間橫跨一九〇〇年至二〇〇〇年，從科學到人文研究都包括在內。在這部大書中他敘述了二十世紀科學漸漸取代人文而建立了霸權的經過，其中特別分析了「兩種文化」的爭論。但他同時也指出：人文在西方仍然有其尊嚴，並未被科學所吞沒，否則何能與科學並稱「兩種文化」？華特生在全書之末展望前景，還是寄望於「新人文」（New Humanities）的出現，即人文與自然最後融合為一。

記得八〇年代在《中國時報》的故董事長余紀忠先生邀請下，我與吳大猷先生有過一場自然與人文科學的座談，由余董事長親自主持，當時我們也就是談這「兩個文化」的問題，我們都承認科學當令是明顯現象，也是現實所迫的，但人文與社會科學還是有應盡的責任，其功能絕不在科學之下，二者互相支援，我們才能有一個合理的社會。

過去，人文與科學在一部分中國知識人的心中似乎是互相排斥的，在台灣恐怕也有相似的情況。我希望這一誤解可以早日消除，我們必須認清人文與科學其實各有領域而又互相補充，所以彼此溝通是當務之急。西方第一流科學家自愛因斯坦以下無不對人文修養保持一種真誠的敬意。我想有識度的中國科學家也是一樣，另一方面，人文學者也應盡量學習著去吸收科學成果，只有如此，人文研究才能更充實，並且與時俱進。

台灣未來人文研究之二：找自己的文化傳統，不隨西學起舞

王國維有兩句詩：「人生過後唯存悔，知識增時轉益疑。」我們可以用來代表他對求知的基本態度。扼要地說，這便是一種開放的態度。一個人的知識不斷去增加，因此必須隨時修正自己前面所得到的論斷。梁啟超也宣稱，他在知識上不惜以今日之我來批評昨日之我。他不贊成他的老師康有為的「太有成見」，三十歲以後便死守早年的學說，一字不肯改變。這一開放的心態，早在宋、明時期便已發展得很普遍了。明末顧憲成論朱熹和陸象山的不同，提出朱常常覺得自己在認知上可能有錯誤，陸象山則常常自以為是，不承認有任何錯誤的可能。顧氏分別稱之為「有我」與「無我」。即是說，朱熹已擺脫了孔子所反對的「我執」，而象山則未免尚有「我執」。我覺得中國傳統學者這種開放態度和西方哲人大致是相通的。姑舉卡爾．波柏（Karl Popper, 1902-1994）為

例，他強調知識並無止境，我們永遠不斷在嘗試與錯誤之中向前摸索。如果理論與經驗不合，我們只能尊重客觀經驗，修改或放棄錯誤的理論。能夠證明為錯誤的才是知識的對象。他以「證誤」（falsification）原則取代邏輯實證論者的「證實」（verification）原則，道理便在這裡。因此波柏將科學與宗教及形而上學嚴格地區別開來，後二者追求的是永恆不變的「真理」，也沒有任何「經驗」可以修正宗教的信仰或形而上的論斷（也就是不可能「證誤」的）。波柏所說的知識雖以自然科學為主，但也包括社會科學和史學。我們所談的人文研究，既是「研究」，當然也和「科學知識」同一性質，最多不過精確的程度不同而已。

我在上面特別講了求知態度的問題。為什麼呢？因為我想對人文研究的未來提出一點個人的意見。大概自二十世紀初年開始，中國便有不少為西方理論所折服的知識人，所以《國粹學報》（一九〇五至一九一一年）已諷刺「尊西人若帝天，視西籍如神聖」的風氣。大概因為震於達爾文進化論的緣故，清末知識人對於十九世紀西方的社會進化說——如孔德（Auguste Comte, 1798-1857）和斯賓塞（Herbert Spencer, 1820-1903）——都幾乎抱著一種盲目信仰的態度。他們認為西方社會學家已發現人群進化的普遍規律，中國歷史進展的階段也逃不出這一普遍規律的籠罩。崇拜西方理論的心理早始於清代末葉，這是最明白的證據。但是這一心理在「五四」以後愈來愈深化。馬克思、恩格斯、列寧、史達林的歷史階段論竟能在中國稱霸數十年，至今仍無人敢公開挑戰，除了政治原因之外，也不能不歸咎於這一心理根源。台灣人文學界對西方社會科學、哲學、文學、歷史種種新理論也往往趨之若鶩。大概於一九七〇年代起，台灣人文研究方面的青年學人已明顯地表現出這一傾向。我記得七〇年代末嚴耕望先生到耶魯訪問半年，他曾一再和我談到西方理論為什麼會被新一代的中國治史者奉為金科玉律？可見他深為當時的學弊所困惑，中國文、史、哲研究之所以遲至今日尚未能自成格局，恐怕和崇拜西方理論有關。在有意無意之間我們已把西方文化看作標準的範式，凡是西方見長而中國相形見絀的部分，我們都說這是因為中國「落後」的緣故。例如中國沒有西方式的「資本主義」，也沒有西方式的「科學」，一般的看法認定這是西方跑在前面，我們尚未追上。這種說法首先假定歷史進程具有普遍性，中國和西方都依照同一模式和階段前進。我們似乎沒有考慮到：也許中國與西方各自走了一條獨特的道路，根本談不上誰「先進」誰「落後」的問題。

事實上，無論是斯賓塞或馬克思都是根據西方的歷史經驗來建立他們的社會演進的理論的；他們並沒有說此理論可以普遍應用於一切文化與社會。馬克思甚至堅決否定他對西歐歷史的理論觀察可以用之於俄國。今天的情況當然已完全變了，無論是史學家或社會科學家似乎再也不說我們已發現了人群演化的普遍的規律，「放之四海而皆準，行之百世而不惑。」與此同時，西方人文社會學者現在也十分自覺地要跳出「西方中心論」的陷阱，不再將西方歷史進展的模式強加於非西方社會、文化之上。這是一個新的起點，我們可以直接面對中國資料所透顯的歷史內部脈絡，去試著重建中國文化的獨特形態及其成長歷程，而不必把中國史研究勉強納入西方任何整齊的公式之中。必須聲明，我並不是反對「理論」，更不是強調中國歷史和文化的特殊性，認為它完全不能接受西方理論與方法的處理。相反地，我很尊重西方第一流學人關於人文、社會、歷史現象所提出的許多啟發性的假說（即理論），也欣賞他們常常發展出新方法、新觀點，足以開拓人文研究的視野。我僅僅堅持一點，一切已普遍流行的理論或假說，都是建立在特定的經驗事實上面，因此其有效性終究是有限度的，不能視為「天經地義」，而且再高明的理論，只要與經驗事實相違背，便不能不做修正。

展望台灣的未來，中國文、史、哲的研究應該是新一代中國學人的重點。中國人研究自己的文化和歷史總是占有一定的優勢。如果我們不再為西方既有的理論所震懾，又能拋棄以西方文化為普遍模式的偏見，我相信不出二、三十年台灣便有可能成為中國人文研究的中心之一。研究中國文、史、哲的人不會太多，也不需太多。關鍵在於培養高質量的少數人才，富於獨立的判斷力，不致因西方風吹草動便跟著腳步虛浮起來，那麼一個堅實的人文研究的傳統便會慢慢形成了。

二〇〇八年十月二十五日

附記：這是我二〇〇八年六月二十八日在國立政治大學的一次談話。題目是政大方面建議的。我當時沒有時間預先寫出講稿，只好即席發言，因此講詞不免鬆懈，這次讀到整理出來的紀錄之後，我做了大幅度的修改和重寫，思想脈絡仍舊，但表達和實例方面變動較多。

民主篇

人文與民主
——余英時院士「余紀忠講座」演講全文

我很不敢當，接受這樣高榮譽的講座。我之所以敢冒昧接受這個邀請，主要是基於我對於余紀忠先生的尊重。一九四六年，我才十六歲，在瀋陽我就認識余先生了，他跟我父親是朋友，所以他是我的父執輩。後來種種戰亂，我們沒有機會聚會，直到八〇年代從海外回到台北，才有機會跟故董事長余紀忠先生會面。

我那時非常佩服他的精神，他的精神主要表現在兩點，這就是我選擇今天講題的原因，第一就是追求民主在中國的實現，這是當時《中國時報》很重要的任務，為了這個理想，他前後召集了許多學術會議，大家一塊來討論，包括種種議題，比如現代化的問題、民主在中國採取什麼形式的問題，這樣的討論非常多，我也參加過若干次。另外一方面，余先生關心中國的文化，尤其關心世界文化、西方文化傳到中國之後，這兩個文化激盪之下產生什麼局面。在思想領域，《中國時報》副刊在當時發揮了很大的作用，這是稍懂八〇年代、九〇年代歷史的人，大概都清楚的。

我沒有在台灣長住過，最多一個月，我對台灣情況不能說十分瞭解，不過因為跟余紀忠先生的關係，我很瞭解到台灣知識人、一般的人都非常熱烈追求民主，希望終結國民黨的一黨專政，終結當時的戒嚴法，能夠造成一個非常開放的現代社會。這個理想在台灣早就有人提出了，如果你們有記憶的話，一九四九年，一群自由主義者以胡適為首創辦的《自由中國》，就是鼓吹民主在中國的實現，這個鼓吹也是非常有力量的，可以說是造成台灣民主化相當重要的原因之一。我不能說是唯一的因素，因為還有社會的、文化的等其他種種的因素。

當時，我們覺得台灣唯一的出路，就是建立自由民主的社會，在這個自由民主社會裡面，至少人們可以感到安全，法律可以保障你的基本權利。在此理念之下，當時從知識界、學校從小學、中學到大學到一般社會，都有這樣強烈的追求。這一點，我雖然沒有在台灣住，但是我的感受是很親切的，很受感動的。因此我間接也參加過，在後面做一種搖旗吶喊的工作。

民主追求到今天有這樣的成績，在我看來是非常值得令人驚異的，這是四十年前、五十年前根本不敢想像的。胡適當時說希望民主有一天在中國實現，直接由老百姓一人一票，選出總統、選出執政者，只有這樣一個選舉過程中，轉移政權才不是什麼可怕的事情，才可以說和平的轉移，雞犬不驚。這情況是中國讀書人一向追求的目標。

中國歷史有許許多多的好處，也有許許多多值得我們佩服的地方，可是有一個問題大家都公認的，中國不論是儒家、道家或是佛教都沒有解決的問題，就是怎麼樣使政權的轉移可以用和平的方式解決。過去我們只有一個方式結束一個政權，那就是暴力的革命，用武力來推翻。王朝的興衰，最後是決定於武力，避不開殺人流血，這是中國歷史上一個很大的悲劇。

清朝末年，中國的讀書人，比如說幫英國理雅各（James Legge, 1815-1897）助譯五經的蘇州人王韜，他到香港逃難被理雅各所吸收，讓他翻譯中國的經典，因此有機會到英國去，看到英國的政治、法律種種情況，非常羨慕，那大約是一八七〇年代的事。他在許多文章中表示，西方的政治幾乎就像是中國傳說中的三代，可見得欣賞西方民主政治的並不是所謂激進化的學者，而是受傳統教育很深的。同樣的人還很多，出使英國、義大利和法國的公使薛福成，年齡比王韜小幾歲，他在歐洲到處訪問，聽到美國許多傳說，在他看來美國好像就是中國的堯舜時代。也就是說，他們想像中的西方政治，用和平、民主方式建立一個政權，然後又可以用民主的方式轉移政權，是一件偉大的事情。

此外還有許多人，包括郭嵩燾，還有翻譯許多英國著作的嚴復，這些人看到西方的政治制度與法律制度後印象相當深刻，譬如說，英國法庭上已經不許用毒打毒刑來逼取口供，這口供是不合法的。這一類觀察對傳統讀書人是很重要的，他們多少覺得這是中國過去理想中有過的，但是沒有實現。

康有為後來將中國歷史分為三個階段，第一個階段他稱之為民主，那就是堯舜時代，那是最好的時代；第二階段是以周文王為主，是君臣共治的時代，君跟老百姓一起治理國家，相當於西方英國的君主立憲；最壞的一種，就是秦以後的專制，皇帝專制。很明顯的，康有為心裡的民主也是跟堯舜連在一起的。

康有為本身也受過王韜、郭嵩燾的影響，中國儒家傳統裡面一樣有許多因子，可以引導讀書人對民主的嚮往。早期擁護西方民主制度，幾乎都是儒家知識人，即受儒學教育的人，一直到五四都是如此。清朝末年兩位經學大師，一位是康有為，他是今文學派的專家，他主張的是君主立憲，其實也是一種民主方式。根據蕭公權先生晚年的研究，康有為的君主立憲是一種真民主，不是假的；另外一位經學大師是章太炎，他是古文學家。經學上，章太炎和康有為是針鋒相對，是政敵，章太炎主張共和，雖然不是百分之百西方式的民主，但是很明顯主張一種有個性、發揮自由的社會。所以，當時對西方民主社會或是自由主義社會的體制發生嚮往的，有很多是有儒家背景的。

一般的論斷，西方講民主第三波、文明衝突的杭廷頓（Samuel P. Huntington, 1927-

2008），他說儒家文化不適於民主。他有他的論證，不是完全沒有根據的，在儒家的論證中找到儒家講上下之分的、尊卑之別的，那些是阻礙民主發展的。但是也不能忘記，儒家是複雜得不得了的一個傳統，其中也有許多有益於民主制度建立的因素，胡適在美國講中國民主歷史的基礎，也提到中國有許多好的傳統，可以和民主制度配合的。所以，我們不可一口咬定儒家文化一定不能建立民主制度。

台灣的情況，為我們提供了一個很好的例證。在中國這塊大地上，第一次用全民選舉選出一個政府來，是在台灣發生的，而且這個選舉已經進行過好多次，原來大有權威的政黨被選掉，新的政黨執政，而且再度當選，現在又輪到舊的政黨整理以後又重新回頭，這就表示一個民主制度基本上建立了、生根了。這是一個很不簡單的事情，你要知道，香港也可以做到這些，但是香港沒有辦法實行民主選舉。

大陸現在還不能公開談這個問題，包括地方選舉都是問題重重。可見選舉在中國能建立是很不容易的，為什麼台灣可以做到這一點？香港如果不是環境特殊，也可以做到這一點？我有一種觀察，這個觀察不是全面的，只是一部分的，就是說中國文化在台灣、香港地區，沒有經過暴力革命的摧殘。你去算一下，香港割讓是在一八四二年，台灣割讓給日本人是在一八九五年，遠在辛亥革命以前。換句話說，這兩個地區變成殖民地，當然是中國人的一種恥辱，是很遺憾的事情，但是這裡面有一種意想不到的發展，反而使它僥倖脫過中國一次比一次激烈的暴力革命的摧殘，所以社會變遷是自主的、和平的。台灣的社會已不是簡單的中國社會，它是中國傳來的，但經過很多變化。香港也是如此。變化儘管變化，但是基本的民間風俗習慣是延續性的，沒有中斷過，沒有經過暴力強迫的打碎、打爛，像文化大革命那樣。這是因素之一，使得民主的建立成為可能。我不是說這是充足的、完整的條件，但是是重要的條件之一。

中國文化跟民主沒有像大家想像的那樣互不相容：民主需要有文化的背景，中國傳統儒家文化是幫助民主觀念在中國傳布、慢慢使大家接受的一個重要的動力。換句話說，沒有這個背景的文化，民主觀念傳不過來的。如果中國沒有堯舜這種傳說，大家就不會想到民主有什麼好處。皇帝「家天下」，傳給子孫千秋萬世，這是秦始皇的理想。這一自私的想法，中國古人早就提出了批判。古代中國另有一個重要觀念——「天下為公」，「天下」不屬任何一人或一家，所以說「天下非一人之天下，唯有德者居之」。這是基於一種歷史的想像，想像中國過去有一段時期，皇帝完全是服務性的，所以傳說中有人叫許由做皇帝，他聽都不要聽，跑到水裡把耳朵洗乾淨，他不要做皇帝，不要有權力。這是中國的一種想像，後來這種想像變成文化的一部分，也變成批判力量的一部分。

沒有文化的背景，不容易發展出比較有品質的民主觀念。這話並不是我造的，而是我看羅爾斯（John Rawls, 1921-2002）的《政治自由主義》（*Political Liberalism*），他特別關心一個問題，像「正義」這種重要的觀念，要能被社會所建立、所接受，要有一個條件，這個條件就是他稱之為「背景文化」（background culture），我想他指的就是英美的「自由傳統」（liberal tradition）的文化背景，或者他用另外一個名字「公共文化」（public culture），意思也差不多。所以，民主離不開文化。

民主選舉一人一票，這規定是很了不得的制度，但這是「量」的問題，只是一人一票，這可以變成多數人的專制，如果對少數人沒有尊重，中間沒有文化的成分，這種民主不是高品質的民主，這種民主可以造出很大的破壞來。

柏拉圖認為當時雅典的民主是低品質的，把蘇格拉底判了死刑。在亞里斯多德的政治系統裡面，民主（democracy）也是相當低的一種制度。所以我今天講的民主，不限於古代雅典的一種政治形式，也不光是一人一票的選舉制度。我多多少少用了杜威（John Dewey, 1859-1952）的講法，結合了羅爾斯講法，把民主看作是一種生活方式、一種文化方式。文化愈豐富，所創造出來的民主愈有持久性，品質也愈高。我講的是現代民主，近一、二百年來歐美發展出來的複雜體制，其中有政治系統，也有文化系統。

美國為什麼一下子就建立了一個相當完善的民主制度？人人都知道，這是得力於法國來的、整個歐洲啟蒙運動（Enlightenment）的文化，這是它的真正歷史背景。研究美國歷史、思想史，看它建國初期的上百項重要文獻，背後的源頭都是從歐洲文化來的。啟蒙運動是西方近代文化發展的大高潮，在此高潮之下，關於民主、自由、法治等許許多多的觀念，都經過思想家的討論。美國許多移民已經接受了啟蒙運動的影響，所以在美國建立新的體制的時候，就回到原來歐洲文化的背景，這是很明顯的。

由於時間關係，我不能在此題目上多說。我希望大家認識文化與民主的關係，這就是人文可以幫助民主的原因。

我們知道二十世紀以來，特別是五四以來，我們的口號是「民主」與「科學」，德先生跟賽先生，這是我們最崇拜西方的兩樣寶貝。這並不錯，前幾年，我看英國有名的記者華特生（Peter Watson）一本大書《現代心靈：二十世紀知識思想史》（*The Modern Mind: An Intellectual History of the 20th Century*），講一九〇〇到二〇〇〇這一百年，他最後結論是，西方文化向非西方挑戰的就是「民主」與「科學」，這完全合乎五四時候陳獨秀、胡適他們的論斷。

但我想改一個口號，強調「人文」與「民主」；這是因為「科學」今天已主宰了世界，用不著再提倡了，而且科學已與技術分不開了。過分講「科技」反而有負面的作用。我現在講的是人文的精神、人文的影響，人文影響與科學不但不是對立的，而且容納了科學、科學知識，現在大眾科學（popular science）非常普及，這也是現代人的人文修養的一部分。威廉・詹姆斯（William James, 1842-1910）有個說法，不管是研究自然的哪些東西，好像跟人沒有關係，但一旦用歷史的眼光來處理研究題目時，把人帶進來的時候，本身就變成是人文的，不完全是自然的了。總而言之，人文修養對民主有很重要的關係，這是我特別要強調的一點。我認為民主不只是「量」（quantity）的問題，一人一票、一百票就勝過九十九票之類的，那就是太粗淺。民主有「質」（quality）的問題，就是領導社會、政府各階層的領袖，必須要有高度人文修養，否則不配做民主時代的領袖。

另外我要講一個故事，跟中央大學有關係，中央大學最早叫做東南高等師範學院，簡稱南高，跟北大是對立、唱對台戲的。北大是主張民主、自由、科學的；南高有一個特殊傳統，就是尊重中國傳統文化，提倡古典文化，辦了一個《學衡》雜誌，這是一九二〇年代的事情。《學衡》是胡適的老朋友梅光迪辦的，他在哈佛大學是白璧德（Irving Babbitt, 1865-1933）的學生，白璧德是美國有名的守舊派，大家都嘲笑他。他寫過一本書《民主與領袖》（*Democracy and Leadership*）講民主跟領袖的本質，他說沒有很好的領袖，民主是一場糊塗的東西。這種論調，在當時不被人尊重。但是幾十年後，比如到一九八四年，美國最有名的歷史學家，新的民主派施勒辛格（Arthur M. Schlesinger Jr., 1917-2007），他二十幾歲就出大名了，曾經進白宮做過甘迺迪特別助理，照理說他是非常反對守舊人物的。但他在一九八四年用〈民主與領袖〉題目寫了一篇文章，他說過去對白璧德低估了，白璧德講民主領袖要有很高的文化修養、民主必須重視品質，這是一點都不錯的。他同時引了托克維爾（Alexis de Tocqueville, 1805-1859）的《美國的民主》（*Democracy in America*）論點，民主的領袖需要的文化修養比專制的君主要高得多、深得多，理由很簡單：若沒有很好的文化修養，僅僅操縱選票的數量，那麼民主就變成暴民政治，不是好東西。

從這一方面看，白璧德講的人文主義（humanism）當時在中國好像是跟新文化運動唱對台的，今天隔了九十年回頭看，南高跟北大其實還是在同一個思想文化運動中的，不過代表了兩個不同部門，一邊從美國搬來了杜威，搬來了民主、科學方法之類的觀念，另外一邊從守舊派白璧德那裡，把許多古典的觀念搬過來了。

白璧德最欣賞的就是亞里斯多德講政治制度、講正義，他說，光是講抽象的公平（justice in the abstraction）是沒有用的，講公平，要有一個公平的人，親自體現公平。他說亞里斯多德跟孔子分不開，亞里斯多德是講抽象的原理，講得非常高明的，下面要有一個實踐的、以身作則的人，以英文來說「exemplification」（以身作則），中國人講不但是經師，也是人師，這兩者要能配合，民主的內容才有保障。

施勒辛格的看法是出人意料的，像他這樣比較激進的、左派的、民主黨的人不應該會欣賞白璧德，但他改變了觀念。前面提到施勒辛格曾參加政府，甘迺迪本人跟他的幕僚在文化上跟其他政黨不同的地方，他們是比較注重思想的。比如說，像白宮也經常舉行學術研討會，找英國一些學術的名家像柏林（Isaiah Berlin, 1909-1997），討論一個晚上。白宮舉行這種小型討論會是很少有的。可以看出民主跟思想、文化的關係。

同時，為什麼白璧德特別欣賞孔子，光是抽象的觀念還不夠，一定要以身作則，要做得出來，有一個真正公正的人在那裡，我們才能信服這個制度。中國一直都這樣說，中國過去是人治不講法治，直到黃宗羲在《明夷待訪錄》提出有治法然後才有治人，大家欣賞這是有現代法治觀念了。其實也不盡然，中國人說注重人治，並沒有否認「法」，前面還有一句話：「徒法不足以自行」，光「法」自己不會走路的，這就是白璧德的意思，光是講「公平」（justice）講得天花亂墜，但是如果沒有人實踐，那是白講的。所以中國人講的觀念，是就實踐方面講的，並不是否認法治的重要，換句話說，法治跟人治是分不開的。當然在實踐中，中國過去確實是人治的傾向吞沒了法治，這也不可否認的。但是我們從白璧德觀點來看，他也有他的道理，施勒辛格能體悟到這一點，我認為相當重要。

施勒辛格晚年體認到「菁英」（elite）是每個社會中都不可少的，既然有組織，就有領導人與被領導人的問題，問題只是在領導人的產生不是靠特權，不是靠關係，而是靠才能，這種菁英是一種自然的菁英，等於孟子講的「天爵」，不是「人爵」。人爵是人為的，你這個家裡祖宗三代都做大官，你的社會地位比較高，這是人爵；但你是一個有特殊天才的人，或有特殊教養的人，在某一方面有特殊表現，社會不得不承認你，這就是所謂天爵。換句話說，任何社會，任何組織，大大小小，都不可能沒有人出來領導。

重要的是領導人的位置，要緊的是坐上這個位子的人是否具有某些必備的條件。如果基本的條件好，你做到了，那不是菁英統治（elitism），那是應該有的情況，近於中國傳統稱之為「德治」。你不能想像一個社會人人都是一字並肩王，那就是傅斯年當初批評中國人的，中國人講平等就是要一字並肩王，沒有高低之分，事實上那是不大可能的。但是高低之分，必須是根據非常合理的，經過種種考驗的，那種領袖才能夠做領袖。當上領袖不一定都合乎這個條件，但至少這是一個目標。無論如何，白璧德強調領袖人物要能以身作則，才能服眾，才能真正負擔起領導的任務來，這說法受到美國現代民主黨、左翼的同情，我想這是相當值得注意的。

後來有一位納維（Thomas R. Nevin）寫白璧德的傳記，白璧德逝於一九三三年，到一九八四年才有一本傳記，也不完全是傳記，主要是講他的思想過程，《白璧德：一個知識研究》（*Irving Babbitt: An Intellectual Study*），這裡面也是推崇他講儒家的關係，他不僅對儒家非常尊重，也非常推崇印度佛教。白璧德還學過梵文，我最近看過《吳宓日記》，一九一九年，吳宓帶了湯用彤、陳寅恪，三個人晚上到白璧德家就是討論佛教的問題，談論梵文的問題，一直談論到晚上十二點以後。所以，白璧德有一大批東方的，特別是中國的學生，他死了以後，有許多文章，所以納維在書中列舉了許多中國學生所寫對白璧德的回憶。這些人都是後來對中國很有作用的人，像吳宓、陳寅恪、湯用彤，他們在學術方面也是現代化人物，他們並不是反動派，不過只是在某些思想上與胡適、陳獨秀唱反調，那是事實。可是這也是現代文化的一部分。

從這一方面可以看出，南高在廣義的新文化運動中，也發生過很重要的作用。《學衡》一出來以後就被魯迅痛罵，魯迅在中國大陸就是聖人，他說你好，那就上天，他說你壞，那就下地獄了。所以，《學衡》這一批人在整個毛澤東時代是完全翻不了身的，個個打到十八層地獄。直到八〇年代、九〇年代以後，忽然之間紀念吳宓、白璧德的文章慢慢出現了，研究《學衡》的書也愈來愈多，我記得台灣也有人研究《學衡》，在大陸以前，也研究得很好，但是沒有引起很大的反響，因為大家那時候還有偏見，認為《學衡》代表了白璧德這一派，是落後的、是反動的，事實上他們增加了、豐富了現代文化的內容。

由於時間關係，我不能多說。我希望大家不要把民主僅僅看作是一種數量的政治，或者僅是一個政治體制，而應該把它看作是一種生活方式或文化型態。民主的生活方式是比較合理的，並不是最好的，邱吉爾說過，民主是中庸的，平平無奇的一種政治，不過人類如果要找到一種比較合理而公平的公共生活，只有這個制度能夠給你，現在還想不出其他的方法來。這好比考試制度一樣，考試並不是完美的，中國是建立考試制度歷史最久的國家，我們自然知道考試不可能辦到百分之百的完滿，但為了在選拔人才方面取得最大限度的公平、公正，我們還找不出一個比考試更合理的方式。同樣的，民主也有種種不完美的地方，但是除了通過民主選舉之外，沒有別的方式可以使一個政權取得合法性。以暴力革命取得的政權，如果不緊接著走上民主選舉的軌道——即「憲政民主」，這個政權便會很快地轉化為暴政。這便是所謂「以暴易暴」。

最後，讓我對「人文」與「民主」一對觀念做一個扼要的說明。我所說的「人文」並不是指狹義的「人文學」（the humanities），即與「自然科學」（natural sciences）相對峙的學問。我在這次講演中所強調的「人文」是廣義的用法，主要即指前面提到的「背景文化」。西方民主的「背景文化」，可以說是文藝復興（Renaissance）時代的「人文主義」開始的，而「人文主義的教育」則在西方近代文化中一直發揮著主導的作用。正是由於人文教育的不斷發展，西方民主政治的品質才得以逐步提高。前面我們已談到：民主社會中的領導階層必須通過人文修養以增進其領導能力，將理想付諸實踐

（見上引白璧德的議論）。現在我更要進一步提出，民主社會中的一般成員也同樣需要「人文修養」。現代社會愈來愈複雜，一個現代公民如果不具備「通識」，便根本無法判斷公共政策的得失而定其取捨。那麼怎樣才能取得「通識」呢？西方現代大學中所重視的「通識教育」（即「人文主義教育」傳統下的新發展）便是為了這一目的而特別設計的。「通識」與「專業」相反，強調各類知識（人文、社會、自然）之間的貫通和綜合，而不是追求每一門專業學術的細枝末節。這種「通識教育」在中國傳統中其實早已受到重視；譬如「觀其大略」、「識其大者」便是講求「通識」，不陷於「支離破碎」。儒家傳統中有「博士之學」與「士大夫之學」的分別，前者指「專業」，後者指「通識」。儒家認為領導社會的「士大夫」需要的是「通識」而不是「專業」，因此才創造出「士大夫之學」這一特別名詞。總之，「通識」能夠培養出關於公共事務的觀察力和判斷力，這是古今中西所共同承認的道理，所以儒家雖取「民本」而非「民主」的立場，也和西方人文主義教育傳統，殊途而同歸。

通過以上的解說，我們可以看出：「民主」與「人文」在近代西方是共同生長起來，二者互相加強、互相支援。深一層看，這二者之間的關係其實便是「政治」與「文化」之間的一般交涉的具體反映。民主作為一種政治體制保證了思想和發表的自由，這是文化創新的先決條件。另一方面，文化的不斷創新則不僅提升一個社會的整體文明水平，而且特別有助於它的政治品質的改進。十八世紀以來西歐和北美政治史和文化史的演進便提供了最有力的實證。我們今天所看到的西方民主的狀態，包括理念與實踐兩方面，比兩、三百年前已不知道改進了多少倍。最明顯也最具體的例子便是一部美國憲法；這部憲法在兩百多年中經過很多次的「修訂」，每一次都體現了民主領域的擴大和品質的提高。我們只要稍稍考察一下每次「修訂」的內容，便可看出這是和當時文化與思想領域的新發展，密切相關的。

台灣民主制度今天已達到了政黨輪替的成熟階段，民主與中國文化不能並存的謬說至此已徹底破滅了。這是一項重大的現代性突破。但是我觀察這十幾年來民主體制在台灣的運作，似乎仍停在重「量」過於重「質」的層次。我特別選擇「人文與民主」為講題，便是希望台灣的民主，能夠更自覺地向品質提升的方向發展。以背景文化而言，台灣向這一方向發展民主應該是順理成章的。為什麼呢？因為中國傳統自先秦以來一直強調「政」與「學」為一事的兩面，互相支援而不能截然分開。北宋的張載則正式揭出「道學」與「政事」應該會合為一，儒家發揮「道學」便是為了使政治秩序走上更合理的道路。十七世紀的黃宗羲便將儒家的「人本」政治思想推拓到極邊盡限，幾乎接近「民主」的境界。因此他一方面主張「有治法然後有治人」，與傳統重「人治」輕「法治」的觀點相反。另一方面，他則特別強調「學校」在政治、社會秩序中的中心地位。

他心目中的「學校」不僅已擴大為一種全民的教育機構，而且還具有監督並批判政府（從中央到地方）的議會的作用。因此他認定「學校」是「治天下」的最後源頭。下面這一段話值得我們細細品味：

> 必使治天下之具皆出於學校，而後設學校之意始備……蓋使朝廷之上，閭閻之細，漸摩濡染，莫不有詩書寬大之氣。天子之所是未必是，天子之所非未必非，天子亦遂不敢自為非是而公其非是於學校。（《明夷待訪錄．學校》）

這段議論可以證明黃宗羲確已從儒家的「民本」立場向民主的觀點移動。上自朝廷的皇帝與公卿，下至一般庶民（「閭閻之細」）都應當在「學校」中議論國家政策，而共同決定其「是」與「非」，並公然否定「天子」有決定「是」與「非」的最後權力，這是儒家政治思想史上前所未有的突破。這裡最值得注重的是「漸摩濡染，莫不有詩書寬大之氣」這一句話；這明明是指「人文」修養而言。我還要更進一步指出，他所重視的「人文」修養並非專指「朝廷之上」的皇帝大臣等而言，他竟認為一般庶民也同樣需要培養出一種「詩書寬大之氣」，這就是我們今天強調的「民主」與「人文」之間的互相支援，我相信作為一個中國文化社群的台灣很快便可以急起直追，以「人文」修養來

民主與文化重建

最近台灣的言論界正在全力推動民主憲政的發展。無論是溫和派、激進派或保守派至少在表面上都一致承認中國必須建立民主的政治秩序，所不同者僅在進程的緩速之間而已。這自然是一個十分可喜的現象。現在許多人都在期待著台灣在創造經濟奇蹟之後，再創造一個政治奇蹟。事實上，依眼前的情勢來看，如果沒有意外的波折，這第二次的奇蹟是必然會出現的。

但是在一般知識分子的觀念中，似乎存在著一種過分重視政治的傾向，這可以說是中國近代思想史上的一大盲點，即認為中國一切問題的解決最後必須訴諸政治。從歷史源流上看，這種看法是和近百年來的政治改革或革命運動緊密相連的，自然也有相當堅強的根據。不過如果政治意識過度突出，以致與生活整體之間失去均衡時，則其後果也可以是極其嚴重的。中國大陸上的「文革」，在一定的意義上，正是這種思想的必然產物。當時最著名的口號便是所謂「政治掛帥」，就是「政治工作是一切工作的生命線」。當然，毛澤東所要突出的「政」是「無產階級專政」；這和我們所要爭取的民主政治自不可相提並論。但是即使是民主政治也不應該在我們的全部人生中突出到「掛帥」的地位。

「民主」在西方史上有廣狹不同的種種涵義，希臘原始的涵義說，「民主」不過是許多政治形式之一，而且當時史學家和哲學家的評價中，「民主」還不是品質較高的一種政體。這是因為在雅典民主的後期，已沒有像伯里克利斯（Pericles）那樣第一流的領袖人物，繼起者是一些譁眾取寵的煽動政客，一味取悅群眾，利用他們的低級本能，以滿足自己的權力欲望。所以伯里克利斯以後的雅典「民主」竟墮落為「多數人的暴政」了。蘇格拉底便是在這種情形下被群眾判處死刑的。柏拉圖終生反對這種暴民式的「民主」，不是沒有理由的。

雅典民主的盛衰頗能說明民主僅僅作為一種政治形式而言，它的價值是有限的；民主不能離開一般的文化基礎而充分發揮其效能。雅典民主在伯里克利斯時代的光輝主要是發自希臘的古典文化。伯氏的葬禮講詞即是最好的見證。他宣稱雅典是全希臘的「學校」，正是因為雅典代表了當時希臘文化的最高峰。不用說，伯氏本人也是這一文化所陶冶出來的最高人品之一。政體只是軀殼，文化則以靈魂注入此軀殼。中國人一向認為「徒法不足以自行」，其實是大有道理的。一切法制，本身的優劣最多不過是相對的，其成敗得失最後仍繫於人怎樣運用它。一涉及人，便離不開人的文化教養問題。中國傳統也並不像一般人所說的，只要「人治」，不要「法治」，不過卻把運用「法」的「人」看得很重。黃宗羲一反傳統之見，公開主張「有治法而後有治人」，然而他同時又強調「學校」的重要性，希望朝野上下都能通過「學校」來「治天下」。他的理想中的「學校」可以有這樣的功能：「始朝廷之上，閭閻之細，漸摩濡染，莫不有詩書寬大之氣。」民主作為一種「治法」也同樣需要一種具有文化修養的「治人」，使它充分發揮其效能。這便是我們常常聽到的「民主風範」或「民主人格」。一部西方民主發展史充滿了民主人格的實例。在民主體制建立之初，尤其需要民主人格的示範。我們不能想像，如果沒有華盛頓、哲斐遜等人的民主人格與修養，美國的民主建國會進行得那樣順利。

民主在近代西方也有最廣義的解釋，即美國哲學家杜威所謂民主是一種生活方式。如果採取這一解釋，則民主即是文化，政治形式不過是最表面的一層，本身並無實性。其實這種觀念可以上溯到古希臘時代。亞里斯多德已指出城邦的憲法不僅僅是一個法律結構，它體現了城邦公民的共同生活方式。

總之，無論就狹義或廣義言，民主政治在我們的整個人生中都只佔據一個有限的地位，而且也不必然是最基本的地位。我們今天都承認民主是最合乎現代理性的政治形式。但是相對於一個理想中的公平社會而言，民主的政治體制仍然只是一個必需條件，而非充足條件。美國《獨立宣言》特別揭櫫「生命、自由、幸福的追求」為三項最基本的人權；不用說，這三大人權只有在民主制度下才能獲得確實的保障。然而深一層看，這三大人權在當時都是有特定的文化內容的，我們不可能撇開宗教革命與啟蒙運動以來歐洲文化和思想的一般狀態而理解美國革命時代的民主。換句話說，美國最初的民主形式反映了十八世紀西方文化在美洲的最新發展。此後美國的憲法經過了二十幾次的補充，每一次補充都可以說是文化提升的結果。

在民主的政治秩序已為我們所共同接受的大前提下，中國人似乎應該更進一步去想想：建立一個比較理想的政治秩序究竟需要什麼樣的文化條件？今天是一個專業分工的時代，政治也是一種專業。專門從事政治活動的人，特別是政黨中人，自然應該繼續推動政治改革的運動。但是整個社會是不是也必須完全捲入實際政治的擾攘之中，而別無建設性的工作可做呢？這是一個涉及根本觀念改變的問題。

前面已指出，在二十世紀中國思想史上，政治意識的過分突出是一個長期而普遍的現象。正由於這一意識的氾濫，才會有大陸上「文革」時代所謂「政治工作是一切工作的生命線」那一類荒謬絕倫的想法。這種意識的背後存在著一個牢不可破的信仰：政治力量是一切力量中最真實、最具決定性的，不但中國共產主義者如此，許多自由主義的知識分子也同樣對於政治權力抱著無限的信仰。讓我們舉一個例子。「自由中國」社是五〇年代台灣民主運動的先驅。飲水思源，今天台灣的民主突破不能不特別引起我們對這批先驅人物的懷念。反對黨的成立也是由他們最先提出並全力推動的。但是他們當時也不免對政治的功用估價得過高。「自由中國」社出版了一部《今日的問題》，其中提出十幾個迫切的問題，而以反對黨的問題為全書的終結。胡適當時便曾對這部書提出了他的「異議」。他說：

這小冊子有幾十萬字，把「反對黨」問題做為最後一篇文章，中間有一大段大意是說有了反對黨，前面所談十幾個問題，都可以迎刃而解。我以為也沒有這樣簡單的事。就是今天有了一個反對黨，不見得馬上就能解決前面的十幾個問題。（胡適，〈從爭取言論自由談到反對黨〉，《自由中國》一八卷一一期〔一九五八年六月一日〕）

胡適的批評自然是對的，當時的自由主義者對於反對黨的迫切期待是不難理解的，但是認為政治權威結構的變化便可以解決所有的問題，則不免思想過於簡單化了。而這一簡單化的想法近百年來卻一直困擾著中國，到今天仍然餘波未止。今天反對黨已經成立了，於是我們又聽到另一種說法，即只有在國會全面改選以後，台灣的一切問題才能夠迎刃而解。我們當然承認國會改選確是今天台灣政治議程上的第一要項，但是我們同樣不能相信國會改選便能解決台灣的一切問題。我們不難預言，今後在政黨競爭的情況下，政治要求勢必愈逼愈緊，而且層出不窮。如果一定要等到民主政治完全上軌道之後，我們才能從事文化、社會各方面的建設，那真不免所謂「俟河之清，人壽幾何」了。

如果我們接受民主的建立離不開文化基礎這一簡單的歷史事實，則文化建設似乎比政治運動更為迫切。中國近代史上民主發展歷程的艱困至少有很大一部分是由於文化的準備不夠充分。十八世紀末葉，美國和法國的民主革命都植根於啟蒙時代的文化，包括法國和英國兩支思潮。《獨立宣言》所揭櫫的三大人權——生命、自由、幸福——便清楚地反映了當時歐洲的宗教思想和政治思想。對於「理性」的普遍崇拜更與十七世紀以來的科學革命有密切的關係。所以西方近代民主的興起在文化上早有深厚的新文化為其憑藉。所謂「民主革命」不過是瓜熟蒂落時所發生的一個結構上的改變。總之，是文化狀態決定了政治結構，不是政治結構改變後才帶來文化的新發展。

反觀中國，民主的唯一精神憑藉是「五四」的新文化運動。但不幸「五四」是一個未完成的文化運動。「五四」在思想史上的主要成就也許便在於為中國人確立了「民主」和「科學」兩大價值；而它的最直接的影響則在於引發了反傳統的普遍激情。由於外患的凌逼，「五四」很快地從文化運動轉化為政治運動。這也是政治意識突出的一個潛在因素。「五四」以來，「民主」和「科學」兩個觀念大體都停滯在口號的階段，至少一般中國人的理解是模糊的。以「民主」而言，其命運尤為不幸。我們不但沒有把它放在西方文化史的整個脈絡中去求深入的瞭解，而且還對它做出種種的曲解，以致最後「民主」和「專政」竟然凝結成一個名詞，獲得了「矛盾的統一」。「民主」怎樣才能真正在中國生根？它又將採取怎樣一種特殊的民族形式？即以西方而論，民主在英、法、美等國都各具結構上的特色，而這些不同都是和文化背景密切相關的。因此我們也不能不嚴肅地探討中國的文化傳統。「五四」以來雖有「整理國故」的學術運動，並取得較好的成績，但這一發展也隨著抗日戰爭的爆發而中斷了。

僅僅作為一種政治形式而言，民主是手段而不是目的。我們在各種政體中獨取民主，這是因為根據以往的經驗，民主是能使絕大多數人獲得合理生活的政治制度，但對生活的品質並不能有所保證。在民主政治下，美國人誠然都享有「生命、自由、追求幸福」的權利，然而他們究竟賦予生命以何種意義？怎樣運用自由？又追求什麼樣的幸福？這些便不是民主本身所能提供答案的了。民主重「量」而不重「質」；要不斷提高生活的品質則不是民主所能為力的。

一般而言，教育、學術、思想在這一方面更能發揮重要的作用。去年（一九八七年）芝加哥大學教授布魯姆（Allen Bloom, 1930-1992）出版了一部轟動一時的書，題目是《美國心靈的封閉》（*The Closing of the American Mind*）。這部書的主旨便是要指出：自六〇年代末期反越戰運動以來，美國的大學教育已面臨空前的危機，青年學生在學識和思想上也陷入極端貧乏的境地。一方面，一般人文社會科學的教授不能拔乎流俗之上，盡其傳道授業的本分，而一味譁眾取寵；另一方面，大學青年則以「解放」、「創造」等等空洞虛憍的口號代替理性思考。青年們不僅是目空古人，而且是根本不知有古人；面對茫茫的未來，他們更缺乏一種清楚的「遠見」（vision）。布魯姆把美國青年的思想混亂歸罪於歐洲大陸傳來的種種虛無、絕望、頹喪、過激的觀念。尼采、海德格、馬克思、佛洛伊德及其法國和德國的當代信徒們則是這些觀念的來源。但布氏並沒有要尼采、海德格、馬克思等人直接對這種情況負責，他很公平地指出：美國青年所接受的是經過庸俗化的歐洲哲學思想。

布魯姆斷定，思想界的不健康已嚴重損害了美國民主的運作：自由變成了放縱，容忍變成了不講是非，民主的多數原則變成了徇眾隨俗。所以布氏大聲疾呼，要求徹底改造大學教育，特別提倡人文通識的培養。他的具體建議之一是要青年人回溯西方文化的源頭，通向理性的主流。他尤其熱心於古典教學，要求他的學生細讀希臘典籍，特別是柏拉圖的作品。

布氏親歷六〇年代的學生暴動，看到許多大學行政人員和教授（其時他正在康乃爾大學）在群眾前面喪失道德勇氣的種種表現。他在痛心疾首之餘，立論內容或不免有過激之處，但他的態度還是冷靜的，敘事是客觀的，說理也是明晰的。書前有諾貝爾文學得獎人貝羅（Saul Bellow, 1915-2005）一篇序言，對此亦表同情。

布氏這部書對人們大有啟示作用。最重要的是使我們認識到：民主體制本身並不是一切，它的運作必須另有一種健全的文化精神與之配合。這種精神主要來自高等教育，即是大學。在民主社會中大學是精神堡壘，可以發揮提高人的境界的重大功能。大學如果能夠提供較成功的人文教育，則社會將源源不斷地出現大批具有通識和判斷力的人才。這樣大批的人才散布在各個角落，便可以保證民主品質的逐步提升。高等教育在民主社會中特別重要，因為民主作為一種純政治形式而言，只能保證一人一票的平等，但不能啟人以向上之機。只有大學才是大家公認的學術思想的中心，是為民主社會樹立最高的精神標準的聖地——包括知識標準和思想標準在內。因此大學中的師生首先要能拔乎流俗之上，不能為社會風氣所輕易搖動。這是民主體制下大學和政府最大不同之處：政府必須「從眾」，大學則唯理性是依，有時不惜「違眾」。

以我個人所知的台灣高等教育而言，其情況雖與美國截然不同，然而也遠不足以承擔培養人文通識的重任。近年受到美國學風的影響，虛無、頹喪、激進等等弊病，似乎已開始出現。布魯姆所說的一些歐陸的庸俗思想，經過美國轉手，也傳到了一部分青年知識分子的身上。無論如何，為了給發展中的民主體制奠定一個堅實的精神基礎，我們感到，恐怕今天沒有比大學教育和學風的改造更急迫的事了。學術教育界的人固然應該繼續關心政治，但同時更應該超越政治，他們總不能像專業的政治人士一樣，一天到晚都捲在現實政治的糾紛之中。在專業化的時代，「捨己之田而耘人之田」是十分荒謬可笑的事。台灣朝野上下都有責任幫助高等教育界，重建一個莊嚴的大學的現代傳統。我們說「重建」，是因為這一現代傳統早在民國初年便已出現。北方的北京大學和南方的東南大學（中央大學的前身）都是屬於現代型的大學。北京大學當然更為重要。在蔡元培的領導下北大體現了為學術而學術和兼容並包的現代精神。北大師生關心政治，然而也超越政治。北大成為「五四」新文化的搖籃絕不是偶然的。今天中國知識分子對於民主理想的堅持便是北大留給我們的一份最寶貴的遺產。文化、思想能夠開創政治，而不是政治力量可以宰制文化和思想，北大便是一個活生生的見證。胡適認為「五四」以後，新文化運動歧入政治的軌道，是一個不幸的發展。這是極有見地的想法，可惜今天很少人能懂得這一論斷的意義了。

我們也希望大學能成為一個認真讀古人書的所在，正如布魯姆所指出的。但中國的大學自然不必唯希臘是尚，我們更要嚴肅地對待自己的古典傳統，並消化這個偉大的傳統，以期收推陳出新之效。中國沒有民主的制度傳統，但是中國的人文傳統中不乏與現代民主精神深相契合的因子。儒家的「仁」與「恕」強調人格的尊嚴和容忍的胸襟，墨家的「兼愛」和博愛相通，道家一方面主張「無為」政治，反對政治力量對人生過分干涉，另一方面強調個人的自由；平等的觀念則是佛教的重大貢獻。更重要的，中國人文傳統所塑造的「士」的風格更可視為現代中國知識分子的精神泉源。近百餘年來，中國知識分子投身於各種維新和革命的運動，倘細加分析，正是「士」的精神的現代化。布魯姆感慨今天美國青年不讀古典而成天口上掛著尼采和海德格，殊不知尼采雖反對蘇格拉底的傳統，卻曾細讀希臘古典，海德格更是要人回到蘇格拉底以前的哲學源頭，他們兩人都對希臘古典的訓詁學下過相當大的功夫。「五四」時代的中國學人雖然激烈地要推倒中國傳統，他們自己卻正是從古典研究中翻出來的。中西的對照在這裡是非常生動而有趣的。

今天離二十一世紀只有十二年了。而學術、思想上的真實建樹則需要長期而持續的努力，我們的時間實在不多了。如果中國人真有志於實現湯恩比（Arnold Toynbee, 1889-1975）的預言，要使二十一世紀成為中國人的世紀，那麼我們必須盡快地把我們的高等教育加以徹底的改造。台灣經濟和政治方面的發展是值得稱道的，但「錢」和「勢」也都不免有嚴重的副作用，其中最足以引人焦慮的是急功近利的心態的普遍流行。許多人會認為文化、學術、思想都是不急之務，既不能直接增加財富，也不能立刻使我們擁有更多的權勢。這種過分重「效用」（utility）的意識在美國也相當氾濫。而且據美國史學家的研究，這種意識正是美國工商社會「反智」的一大根源。民主的理想是人類理性的最好產品之一，一個民主社會而走上「反智」的道路，終於使理性無用武之地，其後果又將是如何呢？這是我們大家都應該細細思考的問題。

一九八八年八月

民主觀念和現代中國菁英文化的式微

托克維爾（Alexis de Tocqueville）在其名著《美國的民主》（*Democracy in America*）中做了富有啟示的論述：

> 一個國家，如果它原來是個人集權管理，並且習俗和法律也都接受這種管理，而現在它想建立類似於美國的民主共和制度，那麼我毫不猶豫地說，在這種共和專制下，會比歐洲任何一個完整的君主制更難以忍受。對此，我們可以在亞洲尋找可比照的東西。[1]

1 引自Stephen Holmes, "Tocqueville and Democracy," 收入David Copp, Jean Hampton和John E. Roemer編，*The Idea of Democracy* (Cambridge: Cambridge University Press, 1993), p. 51。

不需多言，托克維爾說這些話時，心裡想的是法國，但是，結果卻成了對二十世紀中國的驚人預言。正如我們所知，中國是亞洲第一個廢除高度集權的君主制的國家——有兩千年的古老君主制——然後在其基礎上建立共和國形式的政府。另一方面，正如托克維爾所精確預言的，中國二十世紀的專制主義在一陣又一陣的革命浪潮之後變得更加難以忍受。

不過在本文中，我要討論的，不是中國專制制度的真實性，而是關於民主的觀念。中國在一九一二年的事實情況，是有能力拋棄過去的君主制，並採納基本上參照美國模式的共和制度，這一事實無疑證實了中國革命菁英的民主力量和政治信念。這一簡單又奇特的事實可以作為我們探討二十世紀中國政治和思想史中的民主觀念不斷變化的開始。這個事實是奇特的，因為它引起了許多值得思考、做進一步探索的問題。我只舉一些：儘管在中國的民族史中，除了西元前二二一年開始的世襲帝制外，根本不知道還有別的政治模式，但為什麼世紀之交的中國仍會有那麼多的知識分子完全接受民主的觀念？五四以後，儒學已被視為中國民主化的一個主要思想障礙，正如陳獨秀（一八七九—一九四二年）一九一九年明確指出：「為了倡導民主，我們必須反對儒學。」[2]但不可辯駁的事實是，世紀之交擁護民主的領袖們，即使不是全部，也是大部分，以各自的方式認同儒家，如嚴復（一八五四—一九二一年）、康有為（一八五八—一九二七年）、梁啟超（一八七三—一九二九年）、章炳麟（一八六九—一九三六年）和劉師培（一八八四—一九一九年）。既有這樣的事實，我們又如何解釋他們對在中國創立民主制的強烈熱情呢？隨著一九一二年中華民國的建立，民主的觀念確實有一個強大而良好的開始。但事實上，後來的歷程卻變得充滿挫折和失敗——有時甚至是悲劇性的。這就不可避免地引出又一個問題：民主的觀念可以在中國最後的帝制下誘發政治結構的基礎性變化，但共和以後卻為什麼不再起作用了呢？這一奇特的問題正是本文所要探討的。但是由於篇幅有限，我不能以一般的綜合方式來處理這一問題，而想專門將民主的觀念與現代中國的菁英文化聯繫起來討論。

一

毫無疑問，民主的觀念源自西方，可以追溯到古希臘。即使我們同意希臘的政治智慧開始時可能受到古代腓尼基人的影響，但歷史事實仍表明，雅典城邦第一次在他們完

---

2 Tse-Tsung Chow (周策縱), *The May Fourth Movement: Intellectual Revolution in Modern China* (Cambridge: Harvard University Press, 1960), p. 59.

整的體系中實踐了民主的觀念。[3]

當這個觀念在十九世紀晚期傳入中國，中國的學者們對其歷史本身並沒有表現出學術上的好奇心，相反，他們卻對其現代的表現，如他們所看到的英國、法國和美國的模式極感興趣。他們給這個觀念起了很多中國名字——包括民主、民權和民治，現在通常用的標準譯名是「民主」。

值得注意的是，十九世紀晚期具有開放思想的那批最早到西方的儒家學者們，回國以後幾乎都深為西方民主的理想和體制所打動。幾個例子足以證明這一點。在十九世紀六〇年代後期遊歷英倫列島和歐陸兩年後，王韜（一八二八—一八九七年），這位理雅各（James Legge, 1815-1897）在英國翻譯儒家經典時的中國助手，這樣描述英國政府和人民：

> 英國的力量在於統治者和被統治者之間有一種深刻的理解，他們之間有一種緊密的聯繫……我覺得英國日常的國家政治生活實際上體現了我們上古黃金時代的傳統理想。官員的任用採用薦舉的方法，候選者上任前須被充分瞭解，必須有良好的品德和功績……英國百姓均有公共意識和守法精神：法律和規則高高在上（令每個人看它），沒有人敢違背它。[4]

此後，在一八七七年，當嚴復和中國第一任駐英公使郭嵩燾（一八一八—一八九一年）同在倫敦時，他們經常在一起整天整夜地討論中西思想與政治體制的異同。有趣的是，他們根本性的結論和王韜相同，儘管他們顯然不知道後者的論著。最後，郭完全同意嚴復的觀點，即「英國和歐洲各國之所以富強，是因為公理日彰。這是根源」。[5]

我最後一個例子是薛福成（一八三八—一八九四年），他是中國一八九〇到一八九四年派駐英、法、義、比的大臣。在一八九〇年五月一日的日記裡他寫到：

> 昔郭筠仙侍郎，每歎羨西洋國政、民風之美，至為清議之士所抵排。余亦稍訝其言之過當，以詢之陳荔秋中丞、黎蓴齋觀察，皆謂其說不誣。此次來遊歐洲，由巴黎至倫敦，始信侍郎之說。當於議院、學堂、監獄、醫院、街道徵之。

---

3 Ssu-yu Teng (鄧嗣禹) 和John K. Fairbank (費正清), *China's Response to the West: A Documentary Survey* (Cambridge: Harvard University Press, 1954), p.140.

4 Simon Hornblower, "Creation and Development of Democratic Institutions in Ancient Greece," 收入John Dunn編，*Democracy: The Unfinished Journey, 508 B.C. to A.D. 1993* (Oxford University Press, 1993), p. 2.

5 Benjamin Schwartz (史華慈), *In Search of Wealth and Power: Yen Fu and the West* (Cambridge: The Belknap Press, 1964), p. 29.

在同處，他也盛讚美國，說「美利堅猶中國之虞、夏時也」。[6]我用上述例子說明儒家菁英對民主觀念的最初反應。由於他們全都深信儒家的價值觀，因此他們本能地從儒家的觀點來讚賞和理解西方的民主觀念和制度。

王韜和薛福成的觀點尤為相似，他們各自將英國和美國表述為中國古史上的黃金時代，似乎是把民主的西方看成儒家黃金時代的再現，這確實已是傳統的儒家菁英對民主觀念所能給予的最高讚美了。事實上在當時，他們只是極少數，因此還不能把他們看成是整個儒家菁英。只是由後見之明，我們知道正是他們是書寫中國未來的「創造少數」。

把西方民主等同於黃金時代的儒家觀念，這一點稍後就在儒家改革者那裡做了一次巧妙的轉變。在一八八〇年代，當康有為通過閱讀報刊瞭解了西方的民主觀念和制度後，他開始發展一種理論，可稱之為民主源於古代中國論。他將中國歷史的政府分為三種：「民主」、「君民共治」和「專制」。第一種「民主」，是在傳說中的堯、舜時期，是最高也是最完美的民主形式；第二種「君民共治」，他把它歸屬於周文王的時代，認為是一種憲政式的君主制；最後一種「專制」，是最低也是最壞的政府形式，從西元前二二一年秦始皇統一中國以後開始實施。通過對一些儒家經典的誇大解釋，康指出孔子是民主的狂熱擁護者。[7]這裡要指出，是王韜首先界定了歐洲的三種不同體制，他分別稱之為民主國、君主國和君民共主國。[8] 康最初很可能是受他的啟發，並在此基礎上建立了自己的理論。由此，康在中國思想史上導入了一種全新的範式，直到五四前它仍成為經學中的主流。這一範式不僅被康的政敵們接受，而且被極大地延伸為儒家擁護共和革命。例如劉師培在二十世紀早期就寫了一本《中國民約精義》，試圖從各種古代典籍直至十八、十九世紀的哲學著作中追尋中國民主觀念的起源與發展，包括民主、平等、自由、權利等等。[9]

在二十世紀的最初十年，很有影響的且與劉師培和章炳麟密切相關的《國粹學報》刊登了大量有關這一主題的文章。由此，儒家菁英們逐漸形成了一股思潮，認為中國的民主觀念早在孔、孟及其他聖賢那裡就已經發展起來了，與西方無關，而現代儒家的責任就是要從儒家文獻中將它重新發掘並加以光大。這是民國創建者孫中山的論述，值得引用：

---

6 *China's Response*, pp. 143-44.

7 Kung-chuan Hsiao (蕭公權), *A Modern China and A New World, K'ang Yu-wei, Reformer and Utopia, 1858-1927* (Seattle: University of Washington Press, 1975), pp. 197-200.

8 *China's Response*, pp. 136-37.

9 劉師培，《中國民約精義》，《劉申叔先生遺書》（台北：重印本，一九七五），頁六七三—七一三。

中國古昔有唐虞之揖讓，湯武之革命，其垂為學說者，有所謂「天視自我民視，天聽自我民聽」，有所謂「聞誅一夫紂，未聞弒君」，有所謂「民為貴，君為輕」，此不可謂無民權思想矣！然有其思想而無其制度。[10]

孫並不是一個儒家學者，但是正如韋慕庭（Martin Wilbur, 1907-1997）所正確地看到的，「孫的改革處方從各個方面看，都是對當時中國所流行的激進知識分子觀念的反映和發展。」[11]因此，孫的論述可以合理地看作是十九世紀晚期到二十世紀早期中國菁英們的一個典型觀點。民主觀念被證明對中國菁英富有吸引力，他們不僅接受了它，而且極力想使它本土化。

二

從五四起，老一輩的民主源於古代中國的歷史發現立即受懷疑。一九一九年後，當真正在西方的原始語境中解讀時，很少有學者，如果還有的話，還會真的相信諸如「民主」、「自由」、「權利」、「社會契約」這樣的觀念可以在儒家傳統中找到。他們不再把儒家經典看作是「民主觀念」的貯藏室，儒學現在已被視為意識型態的一塊絆腳石，而中國的君主制徹頭徹尾是建立在它的基礎上的。這種反儒情緒在各個方面都表現得非常強烈，以至於今天我們仍能在許多思想中找到與它相應的回聲。由此，我們在現代中國思想史上發現了兩種相互對立的對儒學性質的解釋。那麼，我們應該追隨哪一種呢？對此做詳細解釋顯然超出了本文的範圍。[12]需要指出的是，儒學是關於價值、信仰和觀念的複雜體系，而且，在經歷了如此長的歷史變遷後，無論它的根基多麼好，都很難保持它任何一個方面的特性。事實上，儒學確實意味著不同的東西，不僅對不同的人是如此，即使是同一個人在不同的情況下也是如此。例如陳獨秀，他在一九三〇年代早期蹲監獄時曾向一個朋友談到：

> 每一封建王朝，都把孔子當作聖人供奉，信奉孔子是假，維護統治是真……五四運動之時，我們提出「打倒孔家店」，就是這個道理。但在學術上，孔、孟言論，有值得研究之處，如民貴君輕之說，有教無類之說，都值得探討。[13]

10《總理全書》第五冊，頁四五四。

11 Martin Wilbur, *Sun Yat-sen: Frustrated Patriot* (New York: Columbia University Press, 1976), p.7.

12 總的看法，可見周策縱，"The Anti-Confucian Movement in Early Republican China," 收入Arthur F. Wright (芮沃壽) 編，*The Confucian Persuasion* (Stanford: Stanford University Press, 1960), pp. 288-312。

顯然，在這次談話中，當他的激進主義放在一邊時，他也把作為國家意識型態的儒學與孔、孟及其他儒家的真正學說區分開來，從而放棄了他早期所持的「儒學與君王專制密不可分」的立場。[14]

胡適是另一位五四運動的知識分子領袖，他給我們提供了一個稍有不同的例證。在提出「打倒孔家店」這個全國皆知的反儒戰役口號的事上，他比其他人負有更大的責任。但是，作為一個溫和的自由主義者，他似乎從一開始就發現不應該把作為國家意識型態的儒學和他稱之為「人文和理性的中國」的核心的儒家價值觀混淆起來。[15]特別有意思的是，在他的許多英文著作裡，他常常把儒學和西方自由主義做對比。當然，胡適在智識上很圓通，他不會宣稱中國古代已獨自發現了民主的觀念。但是，他也清楚地提出，某些儒家觀念和體系可以給中國提供一個堅實的基礎，使立憲民主成功地建立起來。[16]在〈中國傳統的自然法〉（一九五三年）中，他進一步提出儒家經典和新儒家關於「理」的觀念，都或多或少類似於西方的「自然法」，「常常在歷史中成為人們抗爭不公正和踐踏人權的鬥爭武器。」[17]與此相反，他很少在他的中文著作中讚美儒學，至少不那麼明顯和清晰，這也許是因為害怕他的同胞過分自滿以至於不想為中國的現代化而鬥爭吧。

陳獨秀和胡適的例子似乎表明，雖然他們表面上是站在儒家的對立面，但在意識深處仍保留著儒家的血脈。我想可能正是這一點，使他們從一開始就更容易接受民主的思想。陳在這時期是民主最熱心的擁護者，也正是他將之稱作「德先生」。

一九一九年冬天，杜威（John Dewey, 1859-1952）在北京做了一場關於民主的報告。他把民主的觀念分解成四個範疇：

1. 政治民主制，包括原則上的憲法和法律；
2. 人民的權利，包括言論、出版、信仰、居住等等的自由；
3. 社會的民主，就是要廢除社會的不平等；
4. 經濟的民主，指社會財富分配的公平。

陳完全同意杜威的分析，並寫了一篇〈實行民治的基礎〉的文章，與杜威的演講一

---

13 引自鄭學稼，《陳獨秀傳》下冊（台北：時報文化，一九八九），頁九六〇。

14 前揭周策縱文，頁三〇二

15 見Shih Hu (胡適), "The Chinese Tradition and the Future," *Sino-American Conference on Intellectual Cooperation, Reports and Proceedings* (Seattle, University of Washington, 1960), pp. 13-22。

16 Shih Hu (胡適), "Historical Foundations for a Democratic China," *Edmund J. James Lectures on Government: Second Series* (Urbana: University of Illinois Press, 1941), pp. 1-12.

17 Shih Hu (胡適), "The Natural Law in the Chinese Tradition," 收入*Natural Law Institute Proceedings* (Notre Dame: University of Notre Dame Press, 1953), vol. 5, pp. 119-53.

起發表在十二月的《新青年》上。他強調指出，中國在政治民主制上必須參照英、美的模式，同時他也關注了社會和經濟的民主問題，這一點在世界各地都需要改進。[18]可能正是他對社會和經濟民主問題的關注，使他在隨後的十年成為一個社會主義革命者。但是，他對民主的信仰卻從未徹底動搖，儘管在他參與革命的階段曾暫時中止過。一九四〇年，在一些信件和文章中他表達了自己對民主的最終看法，此刻他發現那個所謂的「無產階級民主」只是獨裁極權的一個委婉說法。在深思了六、七年後，他完全確信，在任何社會裡，不管是資本主義還是社會主義，民主都必須包括議會制、選舉制、立法程序，以及諸如思想、言論、出版、集會等人民權利的保護。基於他自己的政治經驗，他強調「特別重要的是反對黨派之自由」。[19]杜威一九一九年關於民主的那些話可能一直留駐在陳獨秀最後二十年的思想中。毫無疑問，從陳的思想發展各個階段所發表的文章看，他的政治、社會和倫理觀本質上都來自西方。與康有為、章炳麟這些清朝的儒家改革者和革命者不同，在我看來，陳好像從來沒有用中國經典的權威來論證自己的觀點。如果真是如此，那麼確切地說，我們憑什麼認為他對民主，以及社會主義（經濟民主）的擁護，可能得益於他的本質上屬於中國菁英的儒家文化背景呢？我想提出兩個可能的原因：一個是具體的，一個是普遍的。具體的背景是在他的早年。陳的早年曾追隨康有為，後來又轉向章炳麟、劉師培的革命運動，因此，他對這兩個儒家團體爭辯的問題相當清楚。到五四時期，他當然已經完全拋棄了民主源自中國的謬論，但正如他自己在一九三〇年代早期引述孔、孟言論那樣，他內心仍可能通過這些言論使自己加深對民主觀念的接受，這種可能性並非完全不存在。

普遍的原因是，在中國的傳統菁英文化中，除了別的觀念外，儒家教育也常常用公正、社會責任、人類平等、富民等觀念來循循善誘青年，而這些觀念很接近於西方「公民美德」的觀念。許多具有儒家菁英背景的晚清改革者和革命者，內心都浸透著這種公益精神。也正是這些儒家知識分子最容易受西方民主觀念的影響。他們最終可能拒斥已為陳文的儒家教條，而扮演反儒的角色，但他們仍保留著儒家的公益精神。當然，這裡我只是在說一種可能的模式，但陳獨秀無疑就是這樣一個例子。

在這個意義上，我們的確有理由像狄百瑞（Wm. Theodore de Bary）那樣談論中國的自由傳統，如果「自由主義」這個術語不局限於西方法律意義下的自由概念，可以被自由解釋的話。在重新考察了從朱熹（一一三〇—一二〇〇年）到黃宗羲（一六一〇—一六九五年）的新儒家「自由主義傾向」後，狄百瑞悲歎這種傾向經過五四便暗淡了，因

18 前揭周策縱，*The May Fourth Movement*, pp. 228-31。

19 陳獨秀，《我的根本意見》（香港，一九五〇），有胡適序。

為新儒家已被許多五四那一代年輕人視為「一種保守、反動的體系」。狄百瑞的見解是有洞察力的，他講：

二十世紀新文化運動的支持者們，他們新接受的西式教育強烈否定古典的儒家學術，常常忽視上述的思想家及其著作。但無論怎樣，他們自己的思想過程仍可能無意識地受到新儒家思想的持續影響。作為仍然具有一定特權的知識菁英中的成員，他們很容易區分西方模式的自由主義和早期學者文化中的個人自主觀念。[20]

我由衷地同意他的觀點。這也在相當程度上支持了我的看法，中國的菁英文化雖然有許多不足之處，但它充滿矛盾地證明了自己更樂於接受民主觀念，而不是拒斥它。

三

隨著一九一二年民國建立，儒家思想不再是中國政治體制的哲學基礎了。一九四九年以前，中國的知識菁英們逐漸認識到立憲民主是唯一可以接受的政治模式。即使到了一九五七年，中國的知識分子仍迫切要求建立議會制和多黨政治，結果被劃為右派。很顯然這是五四的遺產，因為很多右派正是五四一代的學生。

如果說五四以後儒家思想在政治上已被逐漸邊緣化到極點，我們是否就可以認為在文化上也是這樣呢？不可否認，二十世紀儒家思想在文化和社會領域的影響也消退了。但是，許多世紀滲透在中國人日常生活中的儒家價值觀，很難想像會在幾十年裡被根除，即便是在激烈的革命時代。雖然在很大的程度上被修改了，而且很可能有些地方被歪曲了，但儒家思想作為一個整體，不管是在菁英的層面還是在大眾的層面上，仍應該被當作中國文化的一個主要部分加以嚴肅對待。這些年來中國社會（相對於國家而言）已經逐漸並持續地重新獲得生命力，有跡象表明，儒家文化正開始以一種現代的新面目重新出現。

中國晚明時，專制主義曾變得愈來愈難以忍受，許多儒家知識菁英對上的君主制徹底失望，他們開始向下關注文化和社會空間的拓展。有些建立私人講社，有些致力於各種地方社區的建設（包括眾所周知的鄉約），還有一些則投身於經商。其結果，儒家社會和政治哲學發生了很有意味的轉變。例如，一六〇〇到一八〇〇年間，一些主要的儒家思想家強調「私」甚於「公」，因為他們認識到個人能比皇帝更好地維護自己的利

20 狄百瑞，《中國的自由傳統》（香港：香港中文大學出版社，一九八三），頁一〇四。

益。另外還強調，財富必須留在創造者手裡，而不是委託給國庫。[21] 今天我們在中國似乎又一次目睹著晚明曾出現過的歷史過程。

如果儒家思想的現代形式和民主有希望在不久的將來共存於中國（正如台灣已有所開始的那樣），那麼這兩者又會怎樣互相聯繫呢？對此，我想借用羅爾斯（John Rawls, 1921-2002）在他一九七一年的名著《正義論》（*A Theory of Justice*）發表後所發展的一個概念「綜合性學說」（comprehensive doctrine）。在《政治自由主義》中，羅爾斯說道：

> 一個兼具正義和公平的秩序良好的社會的一個本質特徵是：所有的公民都認可建立在我所說的綜合性的哲學學說之基礎上的觀念……現在這是一個嚴肅的問題：一個現代民主社會的特徵不僅是兼具綜合性宗教、哲學和道德學說，並且要兼具互相對立的但卻都是合理的綜合性學說。沒有一種學說會被市民普遍肯定。人們也不能期待在不久的將來這些學說中的一個或一些將被所有市民或絕大多數市民認同。政治自由主義設想，從政治上講，如果是在一個自由的憲法民主體制框架之下，那麼出現一些合理的但卻互不相容的綜合性學說，是人們合理行為的必然結果。政治上的自由主義還認

為，一個合理的綜合性學說是不會拒斥民主制的本質的。[22]

儒家思想的現代模式很顯然具備這裡所描述的「綜合性學說」的特徵。在傳統中國，從理論上講，政治生活是由儒家的道德原則指導的。正如孔子所說：

> 道之以政，齊之以刑，民免而無恥；道之以德，齊之以禮，有恥且格。[23]

「政」與「刑」都是指法律原則，而「德」和「禮」是指道德原則。古代聖賢選擇了後者。西方的政治傳統正相反，從古希臘的城邦時代開始，就遵循著法律的原則。[24]

---

21 在一篇長文中，我已經討論過儒家社會與政治思想的新發展，並聯繫到晚清中國知識菁英對西方觀念的接受，見我的〈現代儒學の內回顧と展望——明清期の思想基調の轉換から見た儒學の現代的發展〉，《中國——社會と文化》卷一〇（一九九五年六月），頁一三五—七九。

22 John Rawls, *Political Liberalism* (New York: Columbia University Press, 1993), p. xvi.

23 《論語．為政》。英譯引自D. F. Lau譯，*The Analects* (Harmondsworth: Penguin Classics, 1979), p. 63.

24 正如Frederick Watkins所指出的，「中國和其他高水準文明的人民，其政治思想的特徵總是傾向於道德，而不是法律。希臘與此不同，從一開始他們就將自己的大部分政治精力投注在法的創建和執行上。」見*The Political Tradition of the West: A Study in the Development of Modern Liberalism* (Cambridge: Harvard University Press, 1948), p. 8。

現在，在接受西方憲法民主觀念的時候，中國的知識菁英們實際上拋棄了傳統的「道德原則」而選擇了「法律原則」。[25] 這無疑使得作為占支配地位的政治力量的儒家思想走向了滅亡。

與政治力量無關的是，儒家思想的現代形式已不再占有任何優勢，因此，它已成為各種綜合性學說中的一個。但是，羅爾斯曾進一步對「合理的綜合性學說（reasonable comprehensive doctrines）」與「不合理的（unreasonable）」那種做了區別。不合理的學說會破壞憲法民主體制的統一和公正，所以必須被清除。他並沒有詳加說明，但我們可以合理地認為，它們是指那些原教旨主義的宗教形式，可能還有一些現代專制主義的意識形態。[26] 另一方面，他有意地把「合理的綜合性學說」定義得比較含糊，從而使它盡可能多地容納許多宗教、哲學、道德學說。他的例子包括功利主義、康德的帶有自律理想的道德哲學，以及「歷史上所有的主要宗教」。[27] 以這種視野，儒家思想不僅是一個「綜合性學說」，而且也是「合理的」的那種。

此外，根據羅爾斯的說法，一個民主體制下所有人分享的政治公正的概念，即使不通過所有的人，也須通過大多數人的「一致同意」，才可能被接受為合理的綜合性學說。每一個合理的信條都以它自己的理解方式來認可這個概念。[28] 他似乎認為，作為文化資源的合理的綜合性學說，在民主社會裡會有力地促進大眾接受公正概念的建設。也許這就是他把它們稱為「背景文化（background culture）」的原因。[29]但是，在一個社會建立民主秩序的過程中，並不是所有的合理的綜合性學說所起的作用都是相等的。羅爾斯的這段話含有這種意思：「有許多合理的綜合性學說，它們瞭解更廣泛的價值領域，能與民主政體相適應，或者支持，或者說是不衝突，從而被一個公正的政治概念所選擇。」[30]如果我的理解是對的，那麼羅爾斯所說的合理的綜合性學說，與以民主政體為目的的公正概念通常是怎樣彼此建立聯繫的，也同樣有效地適用於儒家思想將如何與中

---

25 也許要提一下黃宗羲，他通過提出「有治法而後有治人」（《明夷待訪錄·原臣》）的觀點，對傳統的儒家原則做了一個重要的轉向，參見Wm. Theodore de Bary所譯*Waiting for the Dawn, A Plan for the Prince* (New York: Columbia University Press, 1993), p. 99, pp. 21-24。正如黃的著作是晚清儒家的主要思想資源一樣，他對法重於人的強調對晚清儒家也有一些影響。

26 前揭Rawls書，pp. xvi-xvii, 64。

27 同前注，pp. 58-60, 169-70。

28 同前注，pp. xvi-xvii, p. 134。

29 同前注，p. 14。羅爾斯還說：「那麼，我們從關注作為共同資源的公共文化開始，這些共同資源隱含著公認的基本觀念和原則。我們希望很清楚的表述這些觀念和原則，使之能結合到一個政治的公正概念中，與我們大多數牢固確信的東西相吻合。」似乎可以認為，這些「基本觀念和原則」主要是由合理的綜合性學說所提供的。我必須清楚地說明，這裡我只是借助羅爾斯的「綜合性學說」的觀念作為「背景文化」以說明我自己關於中國情況的看法，而不表示我對羅爾斯早期或晚期整個政治公正概念的看法。

30 同前注，p. 109。

國的民主相關聯。在所有中國傳統的合理學說中，儒家思想顯然是最綜合性，並因此最有助於中國的政治公正概念。

我深知儒家思想和西方自由主義是兩個截然不同、不可比較的思想系統，它們是各自獨有的歷史經驗的產物。彼此間的術語互相翻譯，不可能不發生歪曲。但是，一方面，剔除它們偶然存在而現已過時的特徵，在變化了的並不斷變化著的條件下進行必要的調整；另一方面，儒家思想的核心觀念和原則可以表現出與西方許多合理的綜合性學說相和諧，包括自由主義本身。許多人已經在這方面做了有益的工作。然而在這裡，我還要再舉一些例子。最近美國的自由主義者們開始關注殘酷的惡行。在所有通常的惡行中，什克勒（Judith N. Shklar, 1928-1992）選擇了「殘暴為罪惡之首」。她有力地指出，「事實上，痛恨殘暴並把它置於首位，仍是自由意識的一個重要部分。」[31] 與什克勒一樣，羅蒂（Richard Rorty, 1931-2007）書中所提到的「自由的反諷者們（liberal ironists）」，特別引起了我們的關注，它幫助我們變得不那麼殘暴。他告訴我們，不論是納博科夫（Vladimir Nabokov, 1899-1977）還是歐威爾（George Orwell, 1903-1950），都以自己的獨特方式「符合什克勒的自由主義者的判斷標準：就是相信殘暴是人最壞的行為」。[32] 我要強調指出，痛恨殘暴也是儒家思想一開始就具有的一個重要部分。孔子講：「善人為邦，百年亦可以勝殘去殺矣。」[31] 這是孔子的「殘暴為罪惡之首」的說法。孟子也強調了儒家的這個立場，這兩位聖哲對殘暴的深惡痛絕可見諸這一文字：「行一不義、殺一不辜而得天下，皆不為也。」[34] 羅蒂在納博科夫這一例子中所寫的「參與的情感」：「因一個孩子，一個跟我們的家庭、宗族和階級並無關係的孩子不必要地死去，而能感到羞愧、憤怒而戰慄，這是人類在參與現代社會和政治體制時所能擁有的感情的最高形式。」[35] 這個說法讓我立刻想起孟子關於人類感情的著名論述，這裡可以引述一部分：

> 所以謂人皆有不忍人之心者，今人乍見孺子將入於井，皆有怵惕惻隱之心，非所以內交於孺子之父母也，非所以要譽於鄉黨朋友也，非惡其聲而然也。由是觀之，無惻隱之心，非人也；無羞惡之心，非人也；無辭讓之心，非人也；無是非之心，非人

---

31 Judith N. Shkler, *Ordinary Vices* (Cambridge: The Belknap Press, 1984), p. 43.

32 Richard Rorty, *Contingency, Irony, and Solidarity* (Cambridge: Cambridge University Press, 1989), p. 146.

33 《論語．子路》。*The Analects*, p. 120。

34 《孟子．公孫丑上》。英譯引自D. C. Lau譯，*Mencius* (Harmondsworth: Penguin Classics, 1979), p. 79。

35 前揭羅蒂書，p. 147。這裡我只是就中國儒家和西方自由主義對待殘暴的態度做一個比較，我並不完全接受羅蒂對「自由的反諷」的界定。我也不接受他的的原主旨主義。對羅蒂觀點的批評，見Richard Wolin, *The Terms of Cultural Criticism* (New York: Columbia University Press, 1992)，第七章。

也。[36]

在此我們看到了早期儒家所發現的「人類所擁有的最高級的情感」。限於篇幅，不允許我列舉後期大量的儒家，他們各自發表了許多關於殘暴和痛苦的言論。但在結束這個話題前，我還是想引用中國最偉大的詩人杜甫的詩句：「朱門酒肉臭，路有凍死骨。榮枯咫尺異，惆悵難再述。」[37]這位偉大的儒家詩人的確稱得上是一位「自由的反諷者」。

四

如上所述，民主觀念在知識菁英中找到了中國最能接受的人。從十九世紀晚期至一九一九年，民主的主要擁護者幾乎都是擁有強烈儒家文化背景的知識菁英。例如，改革者康有為和梁啟超，革命者章炳麟和劉師培，還有胡適和陳獨秀這些五四領袖們，他們都是在不同時期居於中國最高學術地位的頂尖學者和思想家。除陳獨秀外，他們都對儒家學術做出了重大的貢獻。毋須贅言，這一點也不意味著從晚清到早期共和年代的儒家菁英們普遍地認可民主的觀念。相反，我們可以毫無困難地找出無數的例子來顯示，在同一時期，保守的儒家們常常強烈地反對變革，而且特別反對民主。所有跡象都表明，如果民主的觀念想在中國找到一個好的社會環境，那它只能在儒家菁英中尋找，因為其他社會團體，包括商人團體和農民團體，都沒有積極參與國家和地方政治的意願。這種狀況在十九世紀最後幾年到二十世紀的中期都是真實的。一九四〇年代晚期的一個社會學調查顯示，「許多中國農民……對政治事務仍漠不關心而且無知。」[38] 即使是今天，黎安友（Andrew J. Nathan）和史天健（音譯，Tianjian Shi）所做的一個調查，表明這種狀況仍在持續：受過教育的菁英更能注意到政府的影響，而其他人的理解水平則比較低。作者判斷道：「這兩個人群的差別表明，如果政府和知識分子的矛盾再導致一次政治危機，大部分人仍然不會對民主變革的要求提供支持。」[39]

為什麼整整一個世紀以來中國在民主問題上都沒有取得長足的進展呢？這是一個特

---

36 《孟子・公孫丑上》。*Mencius*, pp. 82-83.

37 William Hung (洪業), *Tu Fu: China's Greatest Poet* (Cambridge: Harvard University Press, 1952), p. 88.

38 前揭蕭公權書，p. 219，其中C. K. Yang的*A Chinese Village in Early Communist Tradition* (Cambridge: Harvard University Press, 1959) 被引及並討論。

39 Andrew Nathan (黎安友) and Tianjian Shi (史天健), "Cultural Requisites for Democracy in China: Findings from a Survey," *Daedalus* (一九九三年春), p. 116.

別複雜的問題，答案要遷涉到無數的歷史事實。這裡我想大膽提出的是，二十世紀中國菁英文化的衰退可能是這些事實中的一個。由後來的事實看，五四新文化運動是中國菁英文化的最後一次壯舉。正是在此期間，中國學術和西方研究都達到了一個新的高度。在人文學科中，許多傑出的人屬於這個時代。用克羅伯（Alfred L. Kroeber, 1876-1960）的名言講，這的確是「一群天才」的年代。不管怎麼說，民主觀念是一個西方的概念，要把它轉換成中國的現實，在早期階段，既需要保衛者，也需要反對者。只有通過徹底的爭辯和討論，不僅針對這些觀念本身，而且針對其他與此觀念直接或間接相關的論題，才能達到一個較清晰的認識。只有這樣，民主觀念才有希望在中國的土地上扎根和成長。因此，一個高水準的菁英文化是一個根本前提。正如羅爾斯所說，尋求一個能被普遍接受的政治公正概念，必須從作為「承認基本觀念和原理所隱含的共同基礎」的「背景文化（background culture）」或「大眾文化（public culture）」開始。民主是不太可能在一片文化貧瘠地裡開花的。舉一個最近的例子，中國的學生運動顯然與中國菁英文化的復甦有關。威爾茲（Michael Walzer）認為學生的菁英主義植根於「中國所獨有的文化傳統」，這一點是相當正確的。[40]

不幸的是，五四以後的中國立即陷入了一連串的民族危機、革命，以及戰爭。同時，如我曾在別處指出過的那樣，中國知識分子們也經歷了一個社會和政治邊緣化的歷史過程，這要特別歸因於革命。[41]其結果，在戰爭折磨的過程中，菁英文化在一九四〇年代明顯衰落了。失去了強有力的知識菁英的支持，民主觀念很快就經歷了幾次意識形態的扭曲，直至被徹底歪曲，不復原形了。

把民主觀念與中國菁英文化緊密聯繫起來，我承擔著被視為菁英論擁護者的危險。但我實際上並不想真的提出什麼新理論。相反，我只是在重新思考康有為、孫中山，以及中國其他早期擁護民主的人的智慧，他們認為就中國而言，最初的民主化必須在菁英領導下開始，這是一種歷史需要，[42]後來的歷史似乎表明，一方面，通過知識菁英的虛化而依靠所謂的「群眾」，另一方面中國的民主只退化成煽動。的確，民主和菁英論之間存在著一種緊張。但是，由於民主不可能在沒有領導的情況下發生作用，因此我擔心，這種緊張還將持續下去。正如施勒辛格（Arthur M. Schlesinger Jr. 1917-2007）激烈地爭辯道：

---

40 Michael Walzer, *Thick and Thin: Moral Argument at Home and Abroad* (Notre Dame: University of Notre Dame Press, 1994), pp. 59-60.

41 見余英時, "The Radicalization of China in the Twentieth Century,"（二十世紀中國的激進化），中譯見《人文與理性的中國》第二十一章（台北：聯經，二〇〇八）。

42 前揭蕭公權書，pp. 228-30。

> 在言不由衷的虛話世界裡的所有虛話中，關於菁英論的虛話是最無用的。整個人類歷史上的政府總是由少數人——就是說，由菁英們統治的。無論是中世紀的君主國家和原始部落，還是今天民主的和共產主義國家，這都是真話。人民群眾在結構上是不可能直接自治的。他們必須把他們的權力委託給代理人。誰說要組織，誰就在講專制。歷史學家們根本不需要帕累托（Pareto）、莫斯卡（Mosca）和邁克耳（Michels）來證明這一點。關鍵的問題並不是菁英統治的存在，而在於他們的人格。[43]

現在很少有人還具有施勒辛格的勇氣，來說出這麼簡單的歷史真理。他還正確地指出，正是菁英們的人格，才是真正的論題。這種對人格的強調把我直接引向了白璧德（Irving Babbitt, 1865-1933），一位偉大的美國人文學者和儒家的崇拜者。他在七十年前出版的《民主與領袖》（*Democracy and Leadership*）中，強調了儒家道德對於塑造民主領袖人格的重要性。他的觀點被納維（Thomas R. Nevin）概括為：

> 在白璧德的概念裡，儒家道德是對亞里斯多德學派的方向性補充，但在前者那裡，有一種集合公眾意願的自律壓在人性上，這是兩者的關鍵差別。跟亞里斯多德一樣，孔子把美德放在社會的框架中；他的學說不僅關注個人的教養，而且還注重對群眾的

影響和控制力。白壁德指出，是儒家的宗旨啟發我們認識到，「公正不是抽象的，而在於這個人」或者「有人格的人」，這是對社會唯一安全的。在考察民主黨人對數字的崇信時，白壁德基本上以儒家的方式發現，「到處都是值得尊敬的人，但很少有值得敬重的。」[44]

因此，概言之，儒家思想還是有可能為民主提供一些東西以為回報。讓我以此收筆吧。

據“The Idea of Democracy and the Twilight of the Elite Culture in Modern China,” in Ron Bontekoe and Marietta Stepaniants, eds., *Justice and Democracy: Cross-cultural Perspectives* (Honolulu: University of Hawaii Press, 1997), pp. 199-215譯出。（羅群譯）

43 Arthur M. Schlesinger Jr., *The Cycles of American History* (Boston: Houghton Mifflin Company, 1986), pp. 428-29.

44 Thomas R. Nevin, *Irving Bobbitt: An Intellectual Study* (The University of North Carolina Press, 1984), p. 108.

思想篇

中國思想史研究綜述

——中國思想史上四次突破

前言

一個多世紀以來，中國思想史的研究，無論在中國、日本或西方，都取得了豐富的成績。研究的方法和取向也千門萬戶，人人不同。今天我只能簡要地談一談我自己的研究經驗，供大家參考。

中國思想史的研究，和一般的歷史研究一樣，必須從某些預設或假定（assumptions or presuppositions）開始；如果沒有預設或假定，則思想史的大量文獻僅僅是一堆雜亂無章的原始資料，根本無法整理出條理來，更不可能從其中找到思想變遷的歷史線索。我研究中國思想史自然也有一些必要的預設。

首先，我預設思想史的「自主性」（autonomy）：思想和學術（scholarship，包括人文〔humanities〕和科學〔sciences〕），一旦出現即形成了一個自主的精神領域（包括宗教在內），從此一代一代地接著發展下去。我們常說的思想傳統（intellectual tradition）便是這樣建立起來的。但是另一方面，思想史的自主性是相對的（relative）而不是絕對的（absolute），因為思想是和人的整體生活息息相關的。人的整體生活中任何一部門發生重要的變化都會在思想領域中引起相應的波動。所以研究思想史的人並不能把眼光完全局限在純思想的領域之內；他必須密切觀察其他領域——政治、經濟、社會等——的種種動向。和思想史一樣，政治史、經濟史、社會史等也都各有其自主性。但由於每一領域的自主性又同時是相對的，這些眾多領域之間必然互相交涉、互相影響。每一時代的思想都必須通過它的整體的歷史背景才能獲得充分的理解，這是今天大多數思想史家的共識。

在上述的預設之下，我對於中國思想史的研究基本上採取了內外並進的方式：根據專題研究（monographic study）的特殊需要，我有時強調「內在理路」（inner logic），如《論戴震與章學誠》，有時則重視歷史的脈絡（historical context），如《朱熹的歷史世界》。

與上述的預設相關，我的研究重點也有一些特殊的地方，比較重要的是下面幾點：

1. 不但研究上層的經典（如儒家和道家）而且也注重下層的民間思想，尤其關懷上、下層之間的互動。

2. 不但探索中國思想史的連續性（continuities）而且也分析它的斷裂狀態（discontinuities）。

3. 以我過去的研究工作而言，我的重點主要放在中國思想史的幾個重大的變動時代，如春秋戰國之際、漢晉之際、唐宋之際、明清之際，這是四個最有突破性的轉型期。

4. 今天研究中國思想史不能不具備一種比較的眼光（comparative perspective），但不能流入一種牽強的比附（forced analogy）。以下我集中討論關於中國思想史上四大突破的研究過程和結果。

一、從「禮壞樂崩」到「道為天下裂」

春秋戰國時期諸子百家的興起是中國思想史（或哲學史）的開端，這是學術界的共識，無論在中國、日本或西方都無異議。自二十世紀初葉以來，先秦諸子的研究蔚成風氣，取得了豐富的成績。一九七〇年代至今，由於地下簡帛的大批出現，如馬王堆帛書，郭店楚簡之類，這一領域更是活躍異常。

這一領域雖然日新月異，論文與專書層出不窮，但從文化史的整體（holistic）觀點說，其中還有開拓的餘地。這是因為大多數專家將注意力集中在比較具體的問題方面，如個別學說的整理、文獻的考證與斷代，以及新發現的文本的詮釋之類。至於諸子百家的興起作為一個劃時代的歷史現象究竟應該怎樣理解？它和中國古代文化史上的大變動又是怎樣連成一體的？這些帶有根本性質的重大問題還沒有展開充分的討論。我研究這一段思想史，主要是希望對這些大問題試做探求。站在史學的立場上，我自然不能憑空立說，而必須以堅實的證據為基礎。因此除了傳世已久的古文獻之外，我也盡量參考新發現的簡帛和現代專家的重要論著。但在掌握了中國基本資料的條件下，我更進一步把中國思想史的起源和其他幾個同時代的古文明做一簡略的比較，因為同一歷史現象，恰好也發生在它們的轉變過程之中。通過這一比較，中國文化的特色便更清楚地顯現出來了。

我早年（一九四七至四九年）讀章炳麟、梁啟超、胡適、馮友蘭等人的著作，對先秦諸子發生很大的興趣，一九五〇年後從錢穆先生問學，在他指導下讀諸子的書，才漸漸入門。錢先生的《先秦諸子繫年》是一部現代經典，對我的啟發尤其深遠。所以一九五四年曾寫過一篇長文〈《先秦諸子繫年》與《十批判書》互校記〉，是關於校勘和考證的作品。一九五五年到美國以後，我的研究領域轉到漢代，便沒有再繼續下去。

一九七七年我接受了台北中央研究院「中國上古史」計畫的邀約，寫〈古代知識階層的興起與發展〉一章（出於《中國知識階層史論——古代篇》），於是重新開始研究春秋、戰國時期文化與社會的大變動。由於題目的範圍很廣闊，我必須從整體的觀點，進行比較全面的探討。我的主題是「士」的起源及其在春秋、戰國幾百年間的流變，但順理成章地延伸到思想的領域。為什麼說是「順理成章」呢？在清理了「士」在春秋與戰國之際的新發展和他們的文化淵源之後，諸子百家的歷史背景已朗然在目：他們是「士」階層中的「創造少數」（creative minority），所以才能應運而起，開闢了一個全新的思想世界。

我在這篇專論中特別設立「哲學的突破」（philosophic breakthrough）一節，初步討論了諸子百家出現的問題。「哲學的突破」的概念是社會學家帕森斯（Talcott Parsons, 1902-1979）提出的，他根據韋伯對於古代四大文明——希臘、希伯來、印度和中國——的比較研究，指出在西元前一千年之內，這四大文明恰好都經歷了一場精神覺醒的運動，思想家（或哲學家）開始以個人的身分登上了歷史舞台。「哲學的突破」是一個具有普遍性的概念，同樣適用於中國的情形，所以我借用了它。更重要的是，它也很準確地點出了諸子百家興起的性質和歷史意義。但是必須說明：我之所以接受「突破」的說法，同時也是因為當時中國思想家中已出現了相似的意識。《莊子．天下》篇是公認的關於綜論諸子興起的一篇文獻，其中有一段說：

> 天下大亂，聖賢不明，道德不一，天下多得一察焉以自好。譬如耳目鼻口，皆有所明，不能相通……悲夫，百家往而不反，必不合矣。後世學者，不幸不見天地之純，古人之大體，道術將為天下裂。

這是描述古代統一的「道術」整體因「天下大亂，聖賢不明，道德不一」而分裂成「百家」。這個深刻的觀察，是從莊子本人的一則寓言中得到靈感的。〈應帝王〉說到「渾沌」鑿「七竅」，結果是「日鑿一竅，七日而渾沌死」。「七竅」便是〈天下〉篇的「耳目鼻口」，「道術裂」和「渾沌死」之間的關係顯然可見。

「道術為天下裂」的論斷在漢代已被普遍接受。《淮南子．俶真訓》說：「周室衰而王道廢，儒、墨乃始列道而議，分徒而訟。」這裡的「列道」即是「裂道」；而「儒、墨」則是泛指諸子百家，因儒、墨兩家最早出現，所以用為代表，《鹽鐵論》中「儒墨」一詞也是同一用法。另一更重要的例證是劉向《七略》（收入《漢書藝文志》）。《七略》以〈六藝略〉為首，繼之以〈諸子略〉。前者是「道術」未裂以前的局面，「政」與「教」是合二為一的，所以也稱為「王官之學」，後者則是天下大亂之後，政府已守不住六經之「教」，道術散入「士」階層之手，因而有諸子之學的出現。所以他有「諸子生於王官」的論斷，又明說：「王道既微……九家之術，蜂出並作，各引一端，崇其所善。」這和〈天下〉篇所謂「天下多得一察焉以自好」的說法是一致的。清代章學誠熟讀〈天下〉篇和《七略》，他研究「六經」如何演變成「諸子」，更進一步指出：「蓋自官師治教分，而文字始有私門之著述。」（《文史通義‧史釋》）所謂「官師治教分」是說東周以下，王官不再能壟斷學術，「以吏為師」的老傳統已斷裂了。從此學術思想便落在「私門」之手，因而出現了「私門之著述」。諸子時代便是這樣開始的。章學誠的論述在二十世紀中國思想史研究的領域中發生了重大影響，許多思想史家或哲學史家都以它為起點。

總之，無論從比較文明史的角度，或中國思想史的內在脈絡上做觀察，「突破」都最能刻畫出諸子興起的基本性質，並揭示出其歷史意義。

但「哲學的突破」在中國而言又有它的文化特色，和希臘、希伯來、印度大不相同。西方學者比較四大文明的「突破」，有人說中國「最不激烈」（least radical），也有人說「最為保守」（most conservative）。這些「旁觀者清」的觀察很有道理，但必須對「突破」的歷史過程和實際內涵進行深入的考察，才能理解其何以如此。我在上述論文「哲學的突破」一節中，由於篇幅的限制，僅僅提到「突破」的背景是三代的禮樂傳統，無法詳論。春秋、戰國之際是所謂「禮壞樂崩」的時代，兩周的禮樂秩序進入逐步解體的階段。維繫著這一秩序的精神資源則來自詩、書、禮、樂，即後來所說的「王官之學」。「突破」後的思想家不但各自「列道而議」，鑿開「王官之學」的「渾沌」，而且對禮樂秩序本身也進行深層的反思，如孔子以「仁」來重新界定「禮」的意義，便是一個很明顯的例證（《論語．八佾》：「人而不仁，如禮何？」）。

一九九〇年代晚期，我又更全面地研究了「突破」的歷史，用英文寫成一篇長文，題目是〈天人之際——試論中國思想的起源〉。正文雖早已寫成，但注釋部分因阻於朱熹的研究而未及整理。我後來只發表了一篇概要，即〈Between the Heavenly and the Human〉。[1] 經過這第二次的深入探索，我才感覺真正把「突破」和禮樂秩序之間的關聯弄清楚了。同時我也更確定地理解到中國思想的基礎是在「突破」時期奠定的。這篇〈天人之際〉中牽涉到許多複雜的問題，這裡不能深談。讓我簡單說一個中心論點。

三代以來的禮樂秩序具有豐富的內涵，其中有不少合理的成分，經過「突破」的洗禮之後仍然顯出其經久的價值。但其中又包含了一支很古老、很有勢力的精神傳統，卻成為「突破」的關鍵。我指的是「巫」的傳統。古代王權的統治常借助於「天」的力量，所以流行「天道」、「天命」等觀念。誰才知道「天道」、「天命」呢？自然是那些能在天與人之間做溝通的專家，古書上有「史」、「卜」、「祝」、「瞽」等等稱號，都是天、人或神、人之間的媒介。如果仔細分析，他們的功能也許各有不同，但為了方便起見，我一概稱之為「巫」。[2]我們稍稍研究一下古代的「禮」（包括「樂」在內），便可發現「巫」在其中扮演著中心的角色；他們有一種特殊的能力，可以與天上的神交通，甚至可以使神「降」在他們的身上。《左傳》上常見「禮以順天，天之道也」，「夫禮，天之經也，地之義也，民之行也」之類的話。這些說法都是在「巫」的精神傳統下逐漸發展出來的，研究薩滿教的專家（如默西亞・埃里亞德〔Mircea Eliade, 1907-1986〕）便稱之為「禮的神聖範式」（divine models of rituals）。可見在三代禮樂秩序中，巫的影響之大，因為他們是「天道」的壟斷者，也只有他們才能知道「天」的意思。現代發現的大批商、周卜辭便是最確鑿的證據。

但巫在中國的起源極早，遠在三代之前。考古學上的良渚文化開始於西元前第三千紀中期，相當於傳說中五帝時代的中期。良渚文化發現帶有墓葬的祭壇，和以玉琮為中心的禮器。玉琮是專為祭天用的，設計的樣子是天人交流，都是在祭壇左右的墓葬中發

1 Weiming Tu and Mary Tucker, eds., *Confucian Spirituality* (New York: The Crossroad Publishing Co., 2003).

2 我在英文裡用"Wu-shamanism"以分別於薩滿教Shamanism；巫起源於中國或由西伯利亞傳到中國，已不可考。

掘出來的。這些墓與一般的集體墓葬隔開，表示墓主具有特殊的身分。考古學家斷定墓主是「巫師」，擁有神權，甚至軍權（因為除「琮」以外，墓中還有「鉞」）。這樣看來，三代的禮樂秩序可能即源於五帝時代，巫則是中心人物。

春秋、戰國之際諸子百家便是針對著這一源遠流長的精神傳統展開他們的「哲學突破」的。諸子不論屬於哪一派，都不承認「巫」有獨霸天人交流或神人交流的權威。在《莊子·應帝王》中，有一則寓言，描寫道家大師壺子和神巫季咸之間的鬥法，結果前者勝而後者敗。這可以看作當時諸子和巫在思想上做鬥爭的暗示。大體上說，他們有兩個共同點：第一是將「道」——一種精神實體——代替了巫所信奉的「神」；第二是用「心」的神明變化代替了「巫」溝通天人或神人的神祕功能。巫為了迎「神」，必須先將自己的身體洗得十分乾淨，以便「神」在巫的身體上暫住（如《楚辭·雲中君》所描寫）。現在諸子則說人必須把「心」洗淨，「道」才能以「心」為它的集聚之地。莊子的「心齋」便是如此。《管子·內業》以「心」為「精舍」，「精」即是「道」；韓非也說「心」是「道舍」。巫之所以能通天人或神人，是經過一番精神修練的。現在諸子則強調「心」的修養。孟子「養浩然之氣」是為了「不動心」，然後才能「配養於道」。荀子重視「治氣養心」，和孟子在大方向上是一致的。《管子·樞言》說「心靜氣理，道乃可止」也無不同。「道」是貫通天人的，所以孟子又說「盡心」，「知性」

則「知天」；莊子也「獨與天地精神往來」。從此，天、人之際的溝通便完全可以撇開「巫」了。

我們可以說，「哲學突破」在中國是以「心學」取代了「神學」，中國思想的一項主要特色由此奠定。後世程、朱、陸、王都是沿著這條路走下去的。

先秦諸子的「哲學突破」是中國思想史的真正起點，支配了以後兩千多年的思想格局及其流變。「哲學突破」的歷史背景是「禮壞樂崩」，也就是周代整體秩序的崩解。為了認識「突破」是怎樣發生的和「突破」後中國思想為什麼開闢了一條獨特的途徑，我們必不能把思想史和其他各方面的歷史隔離開來，進行孤立的處理。政治體制、經濟型態、社會結構、宗教狀態等等變革都是和「哲學突破」息息相關的。我研究「哲學突破」的個人體驗大致可以總結成以下三條：

第一，如果要抓住思想史上大變動的基本面貌，我們必須具備一種整體的觀點，從分析一個時代在各方面的變動入手，然後層層綜合，歸宿於思想史的領域。

第二，由於觀念與價值在中國史上是由「士」這一階層闡明（articulate）和界定（define）的，我們必須深入探究「士」的社會文化身分的變化，然後才能真正理解他們所開創的新觀念和新價值。春秋、戰國的「士」是「游士」（雲夢秦簡中已發現了〈游士律〉）。「游」不但指「周遊列國」，也指他們從以前封建制度下的固定職位中「游離」了出來，取得了自由的身分。章學誠最早發現這個現象，他認為以前政教合一（「官師治教合」），「士」為職位所限，只能想具體問題（「器」），沒有超越自己職位以外論「道」的意識（「人心無越思」）。但政教分離之後（「官師治教分」）他們才開始有自己的見解，於是「諸子紛紛，則已言道矣」。他所用「人心無越思」一語尤其有啟發性，因為「哲學突破」的另一提法是「超越突破」（transcendent breakthrough），也就是心靈不再為現實所局限，因此發展出一個更高的超越世界（「道」），用之於反思和批判現實世界。這可以說是「游士」的主要特徵。

第三，與其他文明做大體上的比較，確實有助於闡明中國「哲學突破」的性質。無論是同中見異或異中見同，都可以加深我們對中國思想起源及其特色的認識。希臘、希伯來、印度都曾有「突破」的現象，一方面表示古代高級文明同樣經歷過一個精神覺醒的階段，另一方面則顯出中國走的是一條獨特的道路。這種比較並不是盲目採用西方的觀點，早在一九四三年聞一多（一八九九—一九四六年）已從文學的角度指出，上面四大文明差不多同時唱出了各自不同的詩歌，他的「文學突破」說比西方最先討論「突破」的雅斯培（Karl Jaspers, 1883-1969）還要早六年。聞一多是《詩經》專家，他是從中國文學起源的深入研究中得到這一看法的。

以上三點體驗不僅限於春秋、戰國之際諸子百家的興起，而且同樣適用於以下兩千年中國思想史上的幾個重大變動。事實上，我研究每一個思想變動，首先便從整體觀點追尋它的歷史背景，盡量把思想史和其他方面的歷史發展關聯起來，其次則特別注重「士」的變化和思想的變化之間究竟有何關係。但限於時間，下面只能對幾次大變動各做一簡單的提綱，詳細的討論是不可能的。

二、個體自由與群體秩序

中國思想史上第二次大「突破」發生在漢末，一直延續到魏、晉、南北朝，即三至六世紀。我的研究見於〈漢晉之際士之新自覺及新思潮〉（一九五九年），〈名教危機與魏晉士風的演變〉（一九七九年），〈王僧虔《誡子書》與南朝清談考辨〉（一九九三年）和英文論文〈Individualism and Neo-Taoist Movement in Wei-Chin China〉（一九八五年）。

三世紀的中國經歷了一場全面的變動：在政治上，統一了四百年的漢帝國開始分裂；在經濟上，各地方豪族大姓競相發展大莊園，貧富愈來愈趨向兩極化；在社會上，世襲的貴族階層開始形成，下面有「客」、「門生」、「義附」、「部曲」各類的人依附在貴族的庇護之下，國家和法律——如賦、役——已經很難直接碰到他們；在文化方面，與大一統帝國相維繫的儒教信仰也開始動搖了。

「士」在這一大變動中也取得新的地位。戰國「游士」經過漢代三、四百年的發展已變為「士大夫」，他們定居各地，和親戚、族人發生了密切關係（即地緣和血緣雙重關係），東漢常見的「豪族」、「大族」、「士族」等名稱，便是明證。二世紀中葉以下，「士」的社會勢力更大了，作為一個群體他們自覺為社會菁英（elites），以「天下風教是非為己任」。由於「士」的人數愈來愈多，這一群體也開始分化。一方面是上下層的分化，如「勢族」與「孤門」，門第制度由此產生；另一方面則是地域分化，如陳群和孔融爭論「汝南士」與「潁川士」之間的優劣，成為士人結黨的一個主要背景。但更重要的是士的個體自覺，這是一個普遍的新風氣，超越於群體分化之外。個體自覺即發現自己具有獨立精神與自由意志，並且充分發揮個性，表現內心的真實感受。仲長統〈樂志論〉便是一篇較早而十分重要的文字。根據這篇文字，我們不難看出：個體自覺不僅在思想上轉向老、莊，而且擴張到精神領域的一切方面，文學、音樂、山水欣賞都成了內心自由的投射對象。甚至書法上行書與草書的流行，也可以看作是自我表現的一種方式。

個體自覺解放了「士」的個性，使他們不肯壓抑自發的情感，遵守不合情理的世俗規範。這是周、孔「名教」受到老、莊「自然」挑戰的精神根源。嵇康（二二三—二六二年）說：

六經以抑引為主，人性以從欲為歡；抑引則違其願，從欲則得自然。

這幾句話最可代表個體自覺後「士」的一般心態。在這一心態下，他們對宰制了幾百年的儒家價值發出疑問。西元二世紀中期（一六四年）有一位漢陰老父便不承認「天子」的合法性。他對尚書郎張溫說：你的君主「勞人自縱，逸游無忌」，是可恥的。這是「役天下以奉天子」，和古代「聖王」所為完全相反。這番話是後來阮籍、鮑敬言等「無君論」的先鋒。孔融（一五三—二〇八年）根據王充《論衡》的議論，也公開地說：「父之於子，當有何親？論其本意，實為情欲發耳。子之於母，亦復奚為？譬寄物缾中，出則離矣。」可見君臣、父子（母子）兩倫都已受到挑戰。儒家「忠」、「孝」兩大價值必須重新估定了。

不但思想已激進化，「士」的行為也突破了儒家的禮法。兒子「常呼其父字」，妻子呼夫為「卿」，已成相當普遍的「士風」。這是以「親密」代替了「禮法」。男女交遊也大為解放，朋友來訪，可以「入室視妻，促膝狹坐」，這些行動在中國史上真可謂空前絕後。但西晉（二六五—三一六年）的束皙（二六三—三〇二年）反而認為，「婦皆卿夫，子呼父字」正是一個理想社會的特徵。當時「士」階層經歷了一場翻天覆地的變動，由此可見。

以這一變動為背景，我重新解釋了從漢末到南北朝的思想發展。「名教」與「自然」的爭論是漢末至南北朝「清談」的中心內容，這是史學界的共識。但多數學者都認為「清談」在魏、晉時期與實際政治密切相關，至東晉以下則僅成為紙上空談，與士大夫生活已沒有實質上的關聯。我則從士的群體自覺與個體自覺著眼，提出不同的看法。「名教」與「自然」之爭並不限於儒、道之爭，而應擴大為群體秩序與個體自由之爭。郭象注《莊子》已從道家立場調和「自然」與「名教」，可知即在信奉新道家的士大夫中，也有重視群體秩序之人。西晉王朝代表世家大族執政，解決了政治方面「名教」與「自然」的衝突，使士的群體在司馬氏政權下取得其所需要的政治秩序——君主「無為」而門第則「各任其自為」。但個體自由的問題卻仍未解決，東晉至南朝的社會繼續受到個體自由的衝擊（如「任情」、「適性」）。所以東晉南朝的「自然」與「名教」之爭以「情」與「禮」之爭的面目出現；「緣情制禮」是思想界爭論的焦點所在。這一階段的爭論要等待新「禮學」的建立才告終結，那已是五世紀的事了。

三、回向三代與同治天下

唐、宋之際是中國史上第三個全面變動的大時代。這一點已取得史學界的共識，無論在中國、日本或西方，「唐、宋變革論」都是一個討論得很熱烈的題目，我已不必多說了。下面我只講與思想史有密切關聯的一些歷史變動，而且限於我研究過的範圍。

我最早論及唐、宋精神世界的變遷是從慧能的新禪宗開始的。當時我的重點是宗教理論，即追溯新禪宗的「入世轉向」怎樣引導出宋代「道學」（或「理學」）所代表的新儒學（Neo-Confucian）倫理。這些研究構成了《中國近世宗教倫理與商人精神》（一九八七年）的上篇和中篇。後來又用英文寫了一篇綱要，題目是〈唐宋轉變中的思想突破〉。[3]

這些早期研究屬於概論性質，又局限在宗教理論方面，對於唐、宋之際思想動態的政治、文化、社會背景則無法涉及。直到一九九八年開始構想《朱熹的歷史世界》，我才把這一段歷史整理出一個頭緒來。在以後三、四年的撰寫過程中，我徹底檢查了一切相關史料，一方面不斷修正我的最初構想，另一方面也逐漸建立起一個比較心安理得的

3 "Intellectual Breakthroughs in the Tang-Sung Transition," Willard J. Peterson, Andrew H. Plaks, Ying-Shih Yu, eds., *The Power of Culture: Studies in Chinese Cultural History* (Hong Kong: The Chinese University Press, 1994).

解釋系統。這部書分上、下兩冊；下冊的「專論」以朱熹為中心，但上冊的「緒說」和「通論」則以唐、宋之間的文化大變動為主題。由於內容十分繁複，這裡只能略談兩條主線：一是「士」的政治地位，一是道學的基本性質。

「士」在宋代取得空前未有的政治地位，正是唐、宋之間一系列變動的結果。第一，唐末五代以來，藩鎮勢力割據地方，武人橫行中國。所以五代最後一位皇帝周世宗已感到必須制裁武將的跋扈，因此開始「延儒學文章之士」講求文治。宋太祖繼周而起，更是有計畫地「偃武修文」。「士」在政治上的重要性也愈來愈高。

第二，六朝、隋、唐的門第傳統至五代已差不多完全斷絕了。宋代的「士」絕大多數都從「四民」中產生，一〇六九年蘇轍說：「凡今農、工、商賈之家，未有不捨其舊而為士者也。」這條鐵證足以說明宋代「士」即從「民」來，而且人數激增。

第三，「民」變成「士」的關鍵在科舉考試，而宋代制度則是重新創建的，與唐代科舉仍受門第的控制不同。五代科舉則在武人手中，考試由兵部執行。周世宗才開始重視進士，考試嚴格，中進士後如才學不稱，還會斥退。宋代重建科舉，考卷是「糊名」的，極難作弊，進士人數則大增，唐代每科不到二、三十人，五代甚至只有五、六名，宋代則每科增至數百名。宋代朝廷對進士又特別尊重，故有「焚香禮進士」之說。「民」成「進士」之後自然會發展出對國家的認同感和責任感。這是宋代出現「士以天下為己任」意識的主要原因。換句話說，他們已自認為是政治主體，不僅是文化主體或道德主體而已。

宋代儒學一開始便提出「回向三代」，即重建政治秩序。這不但與朝廷的意圖相合，而且也是一般人民的願望。唐末五代的縣令多出身武人，不關心老百姓生活，地方吏治壞得不能再壞了。所以老百姓希望由讀書知理的士人來治理地方。他們第一次看到宋代重開科舉，參加考試的士人紛紛出現在道路上，都非常興奮，父老指著他們說：「此曹出，天下太平矣」。

我們必須認識這一背景，然後才懂得為什麼宋代儒學復興的重點放在「治道」上面，這也是孔子的原意，即變「天下無道」為「天下有道」。「回向三代」便是強調政治秩序（「治道」）是第一優先。慶曆和熙寧變法是把「治道」從理論推到實踐。張載、程顥最初都參加了王安石的變法運動。張載說「道學與政事」不可分開，程頤也認為「以道學輔人主」是最大的光榮。不但儒學如此，佛教徒也同樣推動儒學的政治革新，他們認為政治秩序如果不重建，佛教也不可能有發展的前途。《中庸》和《大學》同樣是佛教高僧如智圓、契嵩等所推崇。因此佛教在宋代的「入世轉向」首先也集中在「治道」。

宋代「士」以政治主體自居，他們雖然都寄望於「得君行道」，但卻並不承認自己只是皇帝的「工具」，而要求與皇帝「同治天下」。最後的權源雖在皇帝手上，但「治天下」之「權」並非皇帝所能獨占，而是與「士」共同享有的。他們理想中的「君」是「無為」得虛名，實際政權則應由懂得「道」的士來運用。在這一心態下，所謂「道學」（或「理學」），第一重點是放在變「天下無道」為「天下有道」。我在這本書「緒論」中有很長的專章分析「理學」與「政治文化」的關係。這是我對「道學」的新估價和新理解。

四、士商互動與覺民行道

最後，我斷定十六世紀——即王陽明（一四七二—一五二九）時代——是中國思想史上第四次重大的突破。關於這一突破的發現和清理，我先後經過兩個階段的研究才得到一個比較平衡的整體看法。

我最早注意到這一變動，是從明代文集中發現了大量的商人墓誌銘、壽文之類的作品。我追溯這一現象的起源，大致起於十五世紀。這是唐、宋、元各朝文集中所看不到的，甚至明初（十四世紀）也找不到。最使我驚異的是王陽明文集中不但有一篇專為商人寫的「墓表」，而且其中竟有「四民異業而同道」的一句話。這是儒家正式承認商業活動也應該包括在「道」之中了。商人在中國史上一直很活躍，如春秋、戰國、東漢、宋代等等。明代的新安、山西商人更是現代中日學人研究得很精到的一個領域。但是我的重點不是商業或市場本身，而是十六世紀以來，商人對於儒家社會、經濟、倫理思想的重大影響。通過對於「棄儒就賈」的社會動態的分析，我從多方面論證了明、清士商互動的曲折歷程。我在第一階段的究的主要成果見於《中國近世宗教倫理與商人精神》（一九八七年）下篇和〈現代儒學的回顧與展望〉（一九九五年）。這兩篇作品都已有日譯本，我便不多說了（〈現代儒學〉的日文本見《中國—社會と文化》卷一〇（一九九五年六月），頁一三五—七九）。

但是在寫〈現代儒學的回顧與展望〉一文時，我已感到我的研究在深度與廣度兩方面都必須加強。就深度而言，我覺得僅僅發掘出士商互動以至合流是不夠的，僅僅指出商人對儒學有真實的興趣也是不夠的。因為這些還屬於表象，更重要的是我們必須進一步探討商人怎樣建立了他們自己的價值世界？他們的新價值對儒家的社會、倫理等各個方面的觀念又發生了怎樣的影響？就廣度而言，我則認為士商互動主要是文化、社會、經濟三大領域中的變化。但明代的政治生態與這三個領域是息息相關的，因此也必須做深一層的研究，否則這次「突破」的歷史背景仍不能整體地呈現出來。根據這一構想，我又重新蒐集了文集、筆記、小說（如新發現的《型世言》）、碑刻、商業書（如《客開始，便對「士」抱著很深的敵視態度。太祖雖深知「治天下」不能不依靠「士」階層的支持，但絕不承認「士」為政治主體，更不肯接受儒家理論對君權的約束（如孟子「民為貴，社稷次之，君為輕」之說）。宋代相權至少在理論上是由「士」的群體所掌握的，所以程頤說「天下治亂繫宰相」。明太祖洪武十三年（一三八〇年）廢除相職，從此「士」在朝廷上便失去了一個權力的凝聚點，即使僅僅是象徵性的。代宰相而起的內閣大學士不過是皇帝的私人祕書而已。黃宗羲說：「有明之無善治，自高皇帝廢丞相始也」，正是從「士」的立場上所發出的評論。再加上太祖又建立了「廷杖之刑」，朝臣隨時可受捶撻之辱，以至死在杖下。在這樣的政治生態下，明代的「士」已不可能繼承宋儒「得君行道」的志向了。所以初期理學家中如吳與弼（一三九一—一四六九年）及其弟子胡居仁（一四三四—一四八四年）、陳獻章（一四二八—一五〇〇年）等都偏重於個人精神修養，視出仕為畏途；他們只能遵守孟子遺教的上半段——「獨善其身」，卻無法奉行下半段——「兼善天下」。

二〇〇四年我又寫了一篇專論，題目是〈明代理學與政治文化發微〉（即《宋明理學與政治文化》的第六章）。在這篇長文中，我從政治文化的觀點重新檢討了王陽明「致良知」之教在思想史上的功能與意義。肯定陽明學是理學史上的一大突破，這是很多人都會同意的。但我則進一步論證「致良知」之教是十六世紀整體思想突破的一個重要環節，其重要性不限於理學一領域之內。陽明早年仍未脫宋儒「得君行道」的意識，但一五〇六年他以上封事而受廷杖，兩年後放逐至龍場而中夜頓悟，從此便完全拋棄了「得君行道」的幻想。然而與明代初期理學家不同，他仍然堅持變「天下無道」為「天下有道」的理想。不再寄望於皇帝，斷絕了從朝廷發動政治改革的舊路之後，他有什麼方法可以把「道」推行到「天下」呢？他的「致良知」之教的劃時代重要性便在這裡顯現出來了。在反覆研究之後，可以很肯定地說，龍場頓悟的最大收穫是他找到了「行道」的新路線。他決定向社會投訴，對下層老百姓說法，掀起一個由下而上的社會改造的大運動。所以在頓悟之後，他向龍場「中土亡命之流」宣說「知行合一」的道理，立即得到積極的回應。後來和「士大夫」討論，卻反而格格不入。最後他的學說歸宿於「良知」兩字，正是因為他深信人人都有「良知」（俗語「良心」），都有「即知即行」的能力。「致良知」之教以喚醒社會大眾的良知為主要的任務，所以我稱之為「覺民行道」。他離開龍場以後便實踐頓悟後的理論，時時把「覺民」放在心上。一五一〇年他任廬陵縣知縣，「惟以開導人心為本」，後來又訓誡門人：「須做個愚夫愚婦，方可與人講學。」他自己甚至和一個沒有受過多少教育的聾啞人進行筆談，用的全是民間語言。陽明死後，「覺民行道」的理想終於在王艮（一四八三—一五四一年）的泰州學派手上，得到最大限度的發揮而「風行天下」。詳細的情形這裡不能多說了。

「覺民行道」是十六世紀以來文化、社會大變動的一個有機部分，其源頭則在於因市場旺盛而捲起的士商合流。與「覺民行道」運動同時的還有小說與戲文的流行、民間新宗教的創立、印刷市場的擴大、宗族組織的加強、鄉約制度的再興等等，所有這些活動都是士商互動的結果。「士」的社會身分的變化，為十六世紀思想大「突破」提供了主要動力，這是十分明顯的事實。

「對塔說相輪」
——談現代西方的思想動態

程明道評論王安石談「道」，曾說：

介甫談道，正如對塔說相輪。某則直入塔中，辛勤登攀。雖然未見相輪，能如公之言，然卻實在塔中，去相輪漸近。

由於個人的興趣關係，幾十年來我一直在留心西方思想界的動態。所謂西方思想，當然是以「哲學」為主幹。但是我並沒有受過哲學的專業訓練，以現代的標準言，是完全沒有資格談「哲學」問題的。所以我只能希望像王安石一樣，「對塔說相輪」，並且坦白地承認，不曾「直入塔中，辛勤登攀」。這篇短談只能算是外行人向行外的讀者談外行話，行內的人則大可不必浪費時間來讀它。

既是外行，為什麼又不安分守己，而妄為「出位之思」、甚至「越界之言」呢？是亦有故。最近幾年來，我一直在向大學部的學生講一門「中國思想」的討論課程（Junior Seminar on「Chinese Thought in Historical Perspective」）。其中雖也有少數研究院的學生參加，但大部分選修者都來自大學部，而且以哲學系學生為主。這個課程是不需要懂中文的，教材全取於英譯的中國經典，從《論語》、《孟子》到宋明理學，以至老、莊、禪宗，一應俱全。教學的方式則是學生讀了中國經典之後，就自己的理解所及，提出問題來共同討論。這裡沒有任何限制，其自由是完全的。但是這些學生對中國甚至東方的思想傳統是沒有什麼接觸的，他們的頭腦中充滿了西方哲學上的問題。因此他們所提出的問題幾乎全與中西思想的異同得失有關。為了教學的需要，我便不能不更嚴肅地整理自己於西方現代各種思想流派的知識，也不能不更認真地追隨新思潮的發展或變化，尤其注重中西思想如何溝通的問題。我現在要談的西方思想的動向大體上都是從學生們發問中直接感受到的。這是一種「源頭活水」，並非書本上的知識所能代替的。

西方哲學系的大學生為什麼對中國思想發生熱烈的興趣呢？據我多年來的觀察，主要是由於他們已不再能滿足於英美的主流哲學，即所謂「分析哲學」。但是我必須立刻澄清一個可能引起的誤會。我並沒有看到一種趨向，好像西方思想已經破產，西方人從此便要向東方尋找「智慧」了，特別是中國的儒家、道家、禪宗即將大行其道了。英、美經驗傳統收拾不住西方人的心之後，他們還可以向歐洲大陸的其他思想傳統中去發掘精神資源。所以現在不少哲學系的學生都對歐洲大陸的各種新興流派感到很大的興趣，如現象學、詮釋學、結構學、批判理論、馬克思主義（人道論）、德希達（Jacques Derrida, 1930-2004）的超結構論（post-structur-alism）等。中國思想傳統中的某些部分確與歐洲大陸為近，而與英美以邏輯與知識論為中心的思路則相距太遠。這大概是西方青年開始接近中國思想的一個重要因素。說老實話，中國思想在他們而言仍是屬於邊緣的興趣。我個人當然希望中國思想有一天能夠真正和西方主流思想（不專指「分析哲學」）直接對話。但是如果我們不願自我安慰或自我欺騙的話，我們必須承認這一天還遠得很。其中原因很複雜，但中國思想傳統還沒有經過有系統的現代處理則當負最大的責任。近百年來，中國思想界（如果有的話）不是「妄自菲薄」，便是「妄自尊大」。現代中國人極少以正常的心理和嚴肅的態度對待自己的傳統或西方的思想。

讓我們回到英、美主流哲學不能饜切人心的問題。現代英美主流哲學基本上是以知識、尤其是科學知識為中心而發展起來的，二十世紀尤其如此，巴斯摩（John Passmore, 1914-2004）一九五七年那本相當成功的《近百年的哲學》（*A Hundred Years of Philosophy*）所敘述的便是英、美的哲學主流。這本書只討論知識論、邏輯和形上學三個部分。此外如美學、倫理學、社會政治哲學、法律哲學、宗教哲學等則一概割愛。這裡當然有篇幅限制的問題，但英美主流哲學的成就確集中在這三個方面。巴氏討論所未及的各個領域雖然是一般人所最關心的問題，然而在主流哲學中並無顯著的進展。即使以上述三個領域而論，邏輯的成就是在數理邏輯，而數理邏輯今天已脫離哲學而獨立，或皈依於數學門下了。至於形而上學，則自維也納學派崛起於二〇年代以來，一直是被攻擊、被摧毀的對象。稍後的英國「日常語言」哲學家對形上學的敵意稍減，敬意則未增。他們最多只講講「描述的形上學」，即止於描述我們的思維的實際結構，而不是去修正這個結構。所以剩下來的只有知識論一枝獨秀。

上面已提到，主流哲學中的知識是科學知識，是以數學與物理學為典範的，因為這兩門學科的知識最確定、最可靠。邏輯實證論曾企圖用實證科學的模式來統一所有的知識。這個運動本身並無結果，但其影響還是很大。蒯因（Willard Van Orman Quine, 1908-2000）從內部批判了邏輯實證論的基本假定，可是他仍把哲學和科學看作是同一類的工作，所不同者，哲學更具一般性（generality）而已，他的著名的口號是「哲學是和科學相連續的」。

知識的獲得與傳布離不開語言。二十世紀的分析哲學最後歸宿於語言哲學可以說是事有必至的。今天有不少人已感到語言哲學和語言學之間的界線日趨模糊，杭士基

（Noam Chomsky）本是語言學家，但大家常把他當作重要的哲學家。這樣一來，哲學又和語言學、語言心理學、心理學等專門科學連成一體了。但由於這幾門科學的知識所達到的穩定性和確定性仍遠不及物理學之高，分析哲學內部便發生了無數的爭端。這些都是相當專門的問題，沒有受過專技訓練的人根本無從置喙。不過我們從西方主流哲學的發展大勢中可以看到一個明顯的特色，即哲學家如果想在專業的圈子中受到重視，首先必須有專門科學的知識。最好是精通數學和物理學，至少也要能掌握住語言學、心理學等最新的成果。至於基本的數理邏輯素養和分析論證的能力，自是不在話下了。

照傳統的看法，哲學本是一種貫通的學問，是能夠增加人的「智慧」的。蒯因依然承認哲學所要尋求的是我們對於世界的整個系統的大綱領。可是事實上，主流派的哲學家現在都變成了各種不同的專家，說的也都是非常專門的「行話」。從他們自己的觀點來說，他們所談的自然都是貫通性、一般性的問題，但在沒有專業訓練的人聽來，則不免如墮五里霧中。從純學術觀點看，這一嚴格專門化的趨向應該說是一種「進步」，否則人人都可以憑常識來亂講「哲學」，最後是把「哲學」完全糟蹋掉了。但這樣一來，哲學和一般人所關心的問題卻不免愈來愈隔閡，終使哲學變成另外一門學問。

專門化的結果之一是哲學家只對幾個少數同行說話。他們寫文章或講演的時候，心中往往是以三五個弄同一專門問題的人為對象。即使同在所謂「分析哲學」的世界之內，現在也分成無數小圈子，此圈與彼圈之間已不易互相瞭解了。更嚴重的困難則是近幾十年來主流哲學的總趨勢也是「對塔說相輪」。首先，他們要爭論塔中究竟有沒有什麼「相輪」？即使承認有「相輪」，他們還得先從「塔」（如語言）研究起，又必須先發展鋒銳的工具（如邏輯分析）才能對「塔」著手研究。但「塔」又不可視為一整體，必須把造塔的磚一塊一塊地拆開來，細察其資料、彼磚與此磚的關係、整個或部分的「塔」的結構。這一切都是一接近「相輪」以前必須做好的準備工作，而準備工作又是做不完的；節外生枝、枝外又生葉，如此輾轉衍生，可以至於無窮。這是「後設」（meta-）一詞在今天大行其道的基本原因。哲學家為了保證「客觀」的理想，必須不斷地退後一步檢查自己的「預設」和「方法」。所以「後設」之後又有「後設」，可以變成「無窮後退」，不但不能「去相輪漸近」，卻變成離「相輪」愈遠。

一般大學哲學系的學生對這一套既專門又抽象的智力遊戲逐漸感到不耐煩，這是不難理解的。還有一點應該指出的，即實證科學是一切知識的典範這種觀念在今天的西方已不再為人所普遍接受了。在與人有關的學問之內，「解釋」（interpretation）逐漸比「說明」（explanation）更受人注意。人類學家紀爾茲（Clifford Geertz, 1926-2006）便是一個受人注目的例子。即使在「科學之哲學」（philosophy of science）的園地內，實證論也已開始受到挑戰。「科學之哲學」目前似乎正在變化之中，孔恩（Thomas Samuel

Kuhn, 1922-1996）關於科學史的新說，和普南（Hilary Putnam）的轉向都是值得注意的現象（有人認為普南在近十餘年來先後所發表的哲學論文即可在相當程度上代表最近主流哲學的變遷）。檢查各種專門學科的預設、方法、語言之類的工作在現代分析哲學中占據了很大的一部分，但是這種工作對各行專家究竟有無幫助則仍不無疑問。以我所確知的「批評的歷史哲學」而論，我還看不出它對實際研究工作究竟能發生什麼效用。普南以為一般物理學家所瞭解的「物理哲學」或「科學之哲學」往往是五十年前的老東西，但是他認為這反而是好事，使他們不致受到無謂的干擾。這句話的涵義似乎是說，這種哲學工作不但無益，反而有害了。但是我們也必須記住一個事實，即分析哲學家討論「歷史哲學」或「科學之哲學」時，他們心中的讀者仍是少數同行，不是史學家或科學家。這裡透露出分析哲學的一個致命傷：理論與實踐幾已完全脫節了。在任何一門學科中，理論與實踐之間的真正橋梁當然是方法。所以方法論也是主流哲學家的研究重點之一。由於他們奉科學方法為圭臬，嚴格的形式化（formalization）是一個基本要求，這個要求一旦移用到人文、社會學科的研究方面，便處處發生窒礙了。

以上僅就一時感想所及，指出分析哲學何以對一般知識分子逐漸失去了吸引力。總而言之，高度專門化、與專門科學結盟、「對塔說相輪」、以實證科學為知識的唯一模式、方法論的嚴格形式化、理論與實際脫節等等，都是一般知識分子對分析哲學日感不滿的原因所在。但是我們是不是可以因此而對近五十年來分析哲學的成績一筆抹殺呢？那樣做，不但是不公平的，而且也是不理性的。有些中國哲學界的人並未深入分析哲學的領域，根本不懂他們的「行話」，便輕輕以「繁瑣」兩字來否定它，認為分析哲學家只談「鑽牛角尖的小問題」。這只是充分暴露批評者的無知而已。（馮友蘭記他在一九五七年參加華沙國際哲學會議的經驗便是一個典型「無知」之例。見《三松堂自序》，頁一五四—五五。）分析哲學家所用的假想論證之例有時似乎「瑣細」（trivial），但他們是想從「小」見「大」。例如蒯因所舉「兔子」和「gavagai」之間的「同義」問題，普南所想像的把人的大腦移植在盆中（**Brains in a vat**）的例子，還有語言哲學家所學的無數稀奇古怪的說詞，都是挖空了心思想出來的。他們所要說明的則是哲學上的大問題。這比有些中國哲學界的人專揀大話說似乎更有意義。我無意為分析哲學護短，有些搞分析哲學的人確難免「繁瑣」之譏。但這是「人病」，非「法病」，而且任何一門專業學術中都有其例。我自覺對分析哲學頗不相契，可是我必須承認：不少分析哲學家是能夠在他們的工作中「安身立命」的，如蒯因即是一例。最近我讀了他的《自傳》（*The Time of My Life: An Autobiography*），感到分析哲學根本是他的「宗教信仰」，無論面對多少批評，他的信念似乎都毫無動搖的跡象。我根本不同情他的整個思想模式和世界觀，但這並不能減少我對他執著於「真理」的敬意。

但是英、美的主流哲學目前確在醞釀著變化。巴斯摩為他的《近百年的哲學》寫續篇（《近百年的哲學續篇》〔*Recent Philosophers: A Supplement to A Hundred Years Philosophy*, 1985〕）已充分承認這一變化。他指出，以前的哲學家一向安於概念問題的分析，完全不顧經驗知識的一面。但自七〇年代以來，專門知識論者已不能只對科學學說的一般結構進行邏輯分析，而不深入其經驗內容了。不過這一變化有兩方面的意義：新的一方面是理論與實踐結合得更密切，使哲學家不得不正視實用科學以至人文（如藝術）及社會科學（如經濟學）；舊的一方面則是加強了專門化的趨向，使哲學和專門科學更連成一體了。有些哲學部門若非受過其他專科嚴格訓練（如數學、生物學、物理、經濟學）的人便根本無從深入。

另一個新趨向則是英、美的傳統和歐洲大陸的傳統逐漸溝通了。本來英、美分析哲學與科學結為聯盟，而歐陸哲學則與文學打成一片（沙特尤其顯例），雙方幾乎完全沒有共同的語言。分析哲學家往往對歐陸哲學從心底中流露出一種輕視。例如巴斯摩在《近百年的哲學》中，還有艾耶爾（A. J. Ayer, 1910-1989）在《二十世紀的哲學》（*Philosophy in the Twentieth Century*）中，都是極勉強地加上一章〈現象論與存在主義〉，以示公平或表明並非「不懂」而已。英、美哲學無所取於歐陸的心理則躍然紙上。但巴斯摩現在也承認雙方開始接近。在英、美地區的哲學系中已有不少人對黑格爾、胡塞爾、海德格的重視不在經驗論諸大師之下。這一變化並非來自單方面，英、美哲學界固然對歐陸哲學表現了開放與容納的態度，歐陸哲學家也向分析哲學吸收新養料。除了法國比較保守孤立外，德國與奧地利的哲學界已大膽地闖進了分析哲學的世界。其中如哈伯瑪斯（Jürgen Habermas）和阿培爾（Karl-Otto Apel）對西方語言哲學的深入研究尤為著例。更可注意的是他們並不是邯鄲學步，而失其故步。相反地，他們是想利用分析哲學的成果來增強並更新自己的哲學立場。他們是否成功是另一問題（如哈伯瑪斯常誤解他人的學說，如塞爾〔John Searle〕和他的爭論便是一例），但這一態度對於今後想重建中國哲學的人則有啟示作用。西方這兩大哲學傳統開始匯流其實也是很自然的，因為雙方都把研究的焦點集中在「語言」上面來了。英、美自維根斯坦（其實他是歐洲人），特別是自杭士基崛起以來，語言哲學久已占據了正統的地位。而歐洲自海德格以下至詮釋學現象論者（如伽德瑪〔Han-Georg Gadamer, 1900-2002〕）也注重語言問題。所以至少「語言」已成為雙方的共同語言了。研究語言必然要歸宿到「意義」（meaning）的問題，這似乎正是雙方探索的新方向。一旦「意義」成為哲學的中心論題，那麼哲學便會比較接近人生了。

最後讓我就近年來泛覽所及，介紹幾本西方哲學界觀變、思變、和求變的著作，以結束這篇淺談。我的外行話無足輕重，但有興趣的讀者不妨直接聽聽行內人的話，可以進一步瞭解西方思想的新動向。以下所列各書依出版先後為序。

一、普南　他有兩部書顯示哲學的可能轉向。第一本是他一九七六年在牛津洛克講座的演講集，題為《意義與精神科學》（*Meaning and the Moral Sciences*, 1978），在這部集子中，他承認人文社會科學中的實踐知識（practical knowledge）確與科學知識（如物理學）有別，是不能「形式化」的，同時他也討論到「理解」（verstehen）在獲得知識（包括科學知識）中的作用。此外他還涉及了「如何生活」（How to live）的問題，這些說法出自一個專治數理哲學和科學哲學者之口，是有象徵意義的。第二本則是《理性、真理與歷史》（*Reason, Truth, and History*, 1981），這是一部有關知識論的文集，其主旨是要打破傳統的一些二分法，如主觀與客觀的對立、事實與價值的對立之類。但他同時仍要維護「理性」的尊嚴，他在〈理性與歷史〉一章特別和傅柯（Michel Foucault, 1926-1984）辯論，可見他已不辭正面地與歐陸的哲學傳統對話了。

二、羅蒂（Richard Rorty, 1931-2007）《實驗主義的後果》（*Consequences of Pragmatism*, 1982）。他是分析哲學出身，曾遊於卡納普（Rudolf Carnap, 1891-1970）之門，早年對語言哲學相當熟悉。他主編過《語言轉向》（*The Linguistic Turn*, 1967）一書，並寫了一篇有分量的〈導言〉，但他一直不滿意分析哲學，在一九八〇年出版了專著《哲學與自然的反映》（*Philosophy and the Mirror of Nature*）專要打破「科學的哲學」

（scientific philosophy）的觀念。哲學的任務不在建立知識論的基礎、準則、方法，而在精神教養（edifying）。只有如此，哲學家才能希望在美國文化中重新奪回被文藝批評家所取得的中心位置。但這裡我只想介紹他的《實驗主義的後果》這部論文集（一九七二至一九八〇年所發表的哲學論文），尤其是其中〈美國今天的哲學界〉一文最能看出他對主流哲學不滿者何在。他努力要結合分析哲學和歐陸哲學（尤重視海德格），最後回到詹姆斯和杜威一派實驗主義的基本立場。回到杜威，其實即表示要把哲學變成「普通人」（common man）都感到興趣的東西。他的正面主張似未受哲學界重視（在知識論的問題上，普南是他的論敵），但破壞現狀的力量則甚大。

三、伯恩斯汀（Richard Bernstein）《超越客觀主義與相對主義》（*Beyond Objectivism and Relativism*, 1983）。這是一部企圖在社會、政治哲學領域內求新突破的專著。伯氏比較偏向德國哲學的傳統，但對分析哲學也有深度的瞭解。他與羅蒂一樣，也要打破「科學的哲學」的偏見，所以首章即舉英國達默特（Michael Dummett）的哲學觀為代表而加以駁論。（如達氏認為哲學的目標在分析思想的結構，而分析思想的唯一正當途徑即分析語言。）在伯恩斯汀看來，現代哲學最大的偏見之一即是認為必須先建立一確實可靠的知識論基礎並解決了科學知識問題以後，我們才能轉而談道德、社會、政治哲學等實質的問題，這是不甘「對塔說相輪」的心理。在重視「實踐知識」方面，他引普南為同調。但如何超越客觀主義而仍能肯定人的理性，超越相對主義而不陷入絕對主義的泥淖，這在理論建構上實極費斟酌。他在現代科學之哲學、詮釋學和實踐知識三方面的新發展中看見了一線曙光，所以哈伯瑪斯、羅蒂、鄂蘭（Hannah Arendt, 1906-1975）和伽德瑪四家是他的重要根據。伯氏早在一九七八年已有《社會及政治理論的重建》（*The Restructuring of Social and Political Theory*）一書，全面批判主流社會學的理論根據。他尤其集矢於實證觀點，即認為研究人文與社會現象也必須走自然科學的同一道路。這兩部書宗旨相同，不過後出一書更為深入。

四、斯肯納（Quentin Skinner）主編《人文科學中大理論的重現》（*The Return of Grand Theory in the Human Sciences*, 1980）。這是英國廣播公司（BBC）在一九八四年廣播站的一系列講詞，由各行的專家執筆，但收集成書時又經過原作者的分別修改和擴充。全書一共講了九類倡「大理論」的思想家，其中德國兩章（伽德瑪和哈伯瑪斯），美國兩章（孔恩和羅爾斯〔John Rawls, 1921-2002〕），法國則獨占五章（德希達、傅柯、阿圖塞〔Louis Althusser, 1918-1990〕、李維史陀〔Claude Lévi-Strauss, 1908-2009〕和年鑑史學家）。斯肯納本人寫了一篇引論，專講「大理論」重現的現象。一九五九年，美國社會學家彌爾斯（C. Wright Mills, 1916-1962）曾指出，「大理論」是使人文社會科學不能進步的最大障礙之一。當時其他各門如史學、政治哲學等，也都持類似的見解。所以一時之間，

「大理論」似乎已被永遠埋葬了。但今天「大理論」又開始抬頭，這是西方思想轉向的信號。不過這裡所謂「大理論」和十九世紀的哲學大系統不同（如黑格爾、馬克思）。今天的「大理論」不是要包羅宇宙萬有於一個整齊的系統之下，而毋寧是強調用某一個統一的觀點通貫人文世界中某一部分的現象。例如羅爾斯的理論之所以「大」便有三方面的意義：第一、五〇、六〇年代的政治哲學家在分析風氣之下只在「塔外」分析概念。而羅爾斯則「直入塔中」，要把「相輪」的整個面目弄清楚。第二、他的理論整然成一系統，從起碼的第一原理一直推演出最低層次的原則，可以照顧到一切個案，其理論建構與康德的取徑十分相似（他實受康德的影響最深）。這又和當代反系統的政治哲學風氣背道而馳。第三、他回到了社會契約論的大理論架構，但卻又確能推陳出新，使我們認識到休謨和邊沁並未能真正把契約論摧毀掉（以上皆見萊恩〔Alan Ryan〕所寫〈羅爾斯〉一章）。這是既能見其大、又能以精密的推理和分析成其大。舉此一例以見所謂「大理論」重現的真實涵義。僅僅放言高論不足以成為「大理論」。

以上所談大致以英美主流哲學的動向為主。限於篇幅，歐陸思想的新發展雖然最值得中國人注意，本文已無法涉及。我的「對塔說相輪」只好到此為止了。

一九八五年十一月二十九日

「對塔說相輪」補篇
——對評者的答覆

承編者寄來文思慧、葉保強兩君（以下簡稱「評者」）評論拙作〈對塔說相輪〉的長文，讀後擇其較關重要之點簡答於下：

一、評者對拙文的用意完全誤解了，以為我在否定或貶斥全部「分析哲學」成就。其實拙文不過報導分析哲學發展到今天已出現一些困難，無論是內部或外部的人對它都有所不滿和批評而已。內部批評目前雖僅限於少數人，但更值得重視。在任何一門學術之內，研究典範經過長時期的常態化之後，往往會有少數敏感的人出來探求新的發展方向。至於多數的研究工作者，由於種種原因（包括既得利益在內），自然是安於故步的。我所報導的主要是這個從內部要求「超越」分析哲學的趨向。但「超越」並不是全面否定分析哲學的業績，而是在以往成就基礎上開闢新的研究方向。普南（Putnam）是如此，羅蒂（Rorty）也是如此。羅蒂在一九八一年發表〈今天美國的哲學界〉[1]一文對分析哲學今天已失去中心的情況有生動的刻畫。這是一篇對於客觀事實的分析和討論，與他本人的主觀持論應加以區別。我想以他對美國哲學界的熟悉，這篇文字是可以看作歷史證據的。

二、我在前文曾引了幾位分析哲學的批評者。但評者誤會我的意思，以為我斷定凡是批評或超越分析哲學的人都不是分析哲學家。但我何嘗說過羅爾斯（Rawls）不是分析哲學家？原文具在，可以覆按。事實上，蟲生於木，還食其木，是常見的現象。對於一種思想或學術傳統的最致命的打擊，往往來自該傳統之內的人。蒯因（Quine）早年參加過維也納學派的討論，又深入卡納普（Carnap）哲學的堂奧，因此才能擊中邏輯實證論的要害（波柏〔Karl Popper〕說，他是第一個摧毀邏輯實證論的人。這個考證問題，此處不必討論[2]）。評者特別強調羅爾斯的《正義論》（*A Theory of Justice*）是「分析哲學」的傑作。沒有人能否認羅爾斯是「分析哲學家」。不過據羅蒂說，分析哲學絕不能引《正義論》以自豪。因為這本書直接康德、彌爾和西季威克（Henry Sidgwick, 1838-1900）而來，即使邏輯實證論從未存在過，還是可以寫得出來的。所以它不是以「分析」方法進行哲學思考的勝利。而且如果作者所研究的不是哲學，而是法理學或政治學，他大概也不會寫出不同的作品，甚至也不會用不同的風格來進行論證，我相信羅蒂的判斷。[3]

三、順便澄清一個無關重要的小節。我在原文中提到羅爾斯的書「回到大理論」有三重意義，其中之一是說它與當代「反系統」的政治哲學風氣背道而馳。評者認為這是「錯誤」。但這三點並不是我的判斷，而說明是引自萊恩（Alan Ryan），萊恩的理論則根據貝瑞（Brian M. Barry）一九六五年的《政治論點》（*Political Argument*）。[4]萊恩是專治社會科學的哲學之人，似乎不至於亂道。而且據我所知，羅爾斯的書出版於一九七一年，但先後醞釀了十幾年。五〇年代中期正是政治哲學的低潮時代。拉斯利特（Peter Laslett, 1915-2001）在一九五六年編《哲學、政治和社會》（*Philosophy, Politics, and Society*）第一輯，在序言中曾公開宣稱：「不管怎麼說，目前政治哲學已經死亡了。」（p. VII）一九六二年柏林（Isaiah Berlin, 1909-1997）在同一專刊的第二輯發表

---

1 "Philosophy in America Today," *Consequences of Pragmatism: Essays, 1972-1980* (Minneapolis: University of Minnesota Press, 1982).

2 見*Unended Quest: An Intellectual Autobiography* (La Salle, Ill.: Open Court, 1976), pp.87-90.

3 以上見前引文，頁二一六—一七。

4 見於原註*The Return of Grand Theory in the Human Sciences* (Cambridge; New York: Cambridge University Press, 1985), p. 108。

〈政治理論還存在嗎？〉一文即針對拉斯利特的序文而發，[5]這是羅爾斯撰寫《正義論》時期的思想史背景。我想我引述萊恩的話，也許不能算是「錯誤」。

四、分析哲學以知識論為中心，即通常所謂「知識論模式」（epistemological model）。但所謂「知識」則是以自然科學中最具理論性的知識為典範，例如數學與物理學。以蒯因為代表，他認為最廣義的科學是一連續體（continuum），從史學和工程這一端一直延伸到哲學和純數學的另一端。史學和工程這一端是具體的、非理論性的；哲學和純數學的另一端則是抽象的、理論性的。哲學和科學並無本質上的不同，不過更具一般性而已。例如物理學只告訴我們物理界事象的因果聯繫，生物學只告訴我們生物界事象的因果聯繫，但哲學所追問的則是一般性的因果聯繫。[6]可見在他的心目中，知識只有一種，但有精粗與高低之別。理論性、抽象性愈高者則知識的地位也愈高，數學和物理學可為代表。其愈不能理論化、抽象化者如人文社會科學與實用科學，則知識的地位也愈低。他舉史學為前者的代表，工程為後者的代表。他的著名口號，所謂哲學與科學相連續，其實是和自然科學中的理論科學（如數學和物理學）直接相連，因為他明說「哲學位於科學之抽象的和理論的一端」（Philosophy lies at the abstract and theoretical end of science）。因此他在別處又說：科學的概念架構以「簡化」（simplification）和「清晰」（clarification）為最高原則。科學家永遠在尋求適合於他們的學科的一種更簡單、更清晰的理論。哲學家也不斷追求「簡化」和「清晰」，不過他們的概念架構較為廣闊，因為哲學的概念架構是適用於一切科學的。[7]

以上是蒯因對於哲學的基本任務所做的規定，也就是他的哲學前提。我們現在不必討論他的前提。我們要指出的是：在這一前提之下，分析哲學與自然科學中的理論部分聯盟，及其形式化、專門化等都是順理成章的。分析哲學本身變成一門專門科學也是自然的結果。如果我們完全心安理得地接受這一前提，則三、四十年來以蒯因為代表的分析哲學當然是一種「進步」。分析哲學在它自己規定的領域內進行「嚴格形式化」、「專門化」是取得了重要的成績的，例如以自然科學為典範的知識具有何種性質（知識論）？這種知識是通過何種嚴格的方法獲得的（科學方法論）？關於這一類的問題，我們今天的理解顯然比以前提高了。這一方面而言，我在〈對塔說相輪〉中對於「形式化」、「專門化」與科學結盟等都曾正面地予以肯定。評者所以一再指出該文有「矛盾」其實正是因為我根本沒有否定分析哲學在這一方面的成就。評者設立那些專節和我

---

5 此文現已收入Isaiah Berlin, *Concepts and Categories* (New York: Penguin Books, 1981)。

6 見Bryan Magee, "The Ideas of Quine," *Men of Ideas: Some Creators of Contemporary Philosophy* (New York: The Viking Press, 1978), p. 170。

7 見*Word and Object* (Cambridge, Mass: Technology Press of the Massachusetts Institute of Technology, 1960), p. 161。

辯難其實都是無的放矢。

我的原文立論顯然是從人文科學和價值問題的觀點出發的。這一點在全文的脈絡中是很清楚的。在分析哲學家中，我們可以察見一個根深柢固的意見，即認為只有在解決了知識論中的「硬」問題及掌握了科學知識之後，我們才能轉而討論道德、社會、及政治哲學中那些「軟」問題。科學知識是一切知識的唯一最高標準。人文、社會科學中如果也有稱得起「知識」的成分，這種「知識」必然可以吸收或化約到科學知識的系統之中。其不能如此吸收或化約者，則只是「假知識」（pseudo-knowledge）而必須予以排斥。用普南慣用的名詞說，即只有「可以形式化的知識」（formalizable knowledge）才是真正的「知識」。這也便是一般人所常常指摘的「科學主義」。（歐陸哲學家所謂「實證科學」，據我的理解，大致即指以自然科學為模式的知識而言，與「邏輯實證論」完全是兩回事。他們之所以用「實證科學」而不用「自然科學」者，是因為西方主流社會科學也一直企圖採用「自然科學」的模式。）現在西方思想界（包括分析哲學的內部）開始有人懷疑這一態度是否適當。「科學理性」（scientific rationality）是否即理性之全部？「知識」是否只有一種，但有高低精粗之別？求知之道是否也只有一種，即所謂「科學方法」？我前文所反映的便是西方思想界對分析哲學中這種科學主義（scientism）不滿的情況。科學主義在卡納普思想中是很強烈的；蒯因雖較溫和，但科學主義的基本立場仍與卡氏不殊，[8]普南在討論了邏輯實證論和相對主義中兩種科學主義之後，說道：

> 今天哲學中的一部分問題是出在從十九世紀繼承下來的科學主義。這個問題所波及的並不止一個學術部門。我不否認邏輯的重要，同時，形式的研究在證實理論（confirmation theory）和自然語言的語義學等等方面也是重要的。不過我確傾向於相信，這些（按：指邏輯和形式化）對於哲學而言都是邊緣性的。而且只要我們過分為形式化（formalization）所拘束，我們便不免要在上述兩種科學主義之間擺動。這兩種科學主義都企圖逃避一個問題，即對人的理性的範圍給予一個健康的人的描述。讓我和緩一下語調，建議一個好的哲學書名：《關於人的理解的論文》（An essay concerning human understanding）。嚴肅地說，人的理解才真正是問題的所在，哲學家應該試著去寫論文（essays），而不是科學理論。[9]

---

8 見Hilary *Putnam, Realism and Reason: Philosophical, Papers*, vol. 3 (Cambridge [Cambridgeshire]; New York: Cambridge University Press, 1983), pp. 182-83。

9 "Philosophers and Human Understanding," *Realism and Reason: Philosophical, Papers*, vol. 3, p. 199.

普南一方面承認形式化、邏輯分析在科學研究方面有其功用，但另一方面則指出這種技術性東西在整個哲學事業中是邊緣性的，即並無決定性的作用。如果把這種分析技術推廣於人的理性的全面範圍，其結果必將流入兩種科學主義之一，這是極不健康的。所以他最後呼籲哲學家回到洛克《關於人的理解的論文》的傳統。我們都知道洛克這本書是他的不朽之作，但他所運用的完全是普通的英文，極少專門名詞，故人人可解（深淺自因人而異）。誠如羅素（Bertrand Russell, 1872-1970）所云，洛克重視「常識」（common sense），不惜犧牲邏輯以避免流入弔詭。故對於邏輯專家而言，這個方式或不免引起困擾；對於一般注重實踐的人而言，這正是他具有正確判斷力的證明。[10]上譯普南的話在人文學科的立場上尤其值得注意。我前文論「形式化」、「專門化」各點即是此一意。普南強調「人的理解」和essay的寫法；這是希望哲學著作不要過於形式化，以致和「科學理論」的論文無別。最近另一位分析哲學家丹陀（Arthur Danto）也想把哲學引向文學之途。他認為哲學作品的文體本來是多采多姿的，但自從職業化以來，專門期刊上的論文形式千篇一律，作者的個性全失。這種論文只是範圍極狹小、讀者極有限的研究報告。但表達方式是和哲學真理的概念有內在關聯的。除了分析哲學之外，古今還有其他關於哲學真理的構想，因此便必須通過不同的表現方式。丹陀還特別提到中國經典的特殊表現方式。他有一位朋友（大概也是分析哲學家）便看不出《莊子》究竟說些什麼。所以丹陀認為對於不同的哲學智慧只有通過相應的讀法才能獲得理解。[11]這篇文章是丹陀一九八三年在波士頓就任美國哲學會東部年會會長時的演講詞，所以尤其具有一定的代表性。他是正式提倡哲學與文學結盟。此文收在《超分析哲學》（*Post-Analytic Philosophy*）論文集中，似乎表示超越分析哲學已變成事實了（同一文集中也收了〈對塔說相輪〉所談到普南、羅爾斯和伯恩斯汀等人的作品）。這也有助於我們對西方思想界新動向的認識。

五、我在原文中談到「理論與實踐」，但語焉不詳，應加澄清。原文論及此點有狹義和廣義兩個層次。狹義的一方面指哲學和專門科學的關係。以前研究科學之哲學的人大體是對科學理論的一般結構進行邏輯分析，不管科學的經驗內容，故可說「理論」與「實踐」脫節。七〇年代以後，哲學家已不以概念問題自限，而深入各科的經驗內容，物理、生物、認知心理學，以及與實用有關的信息理論、電腦理論等都是哲學家深入研究的對象，因此可說「理論」與「實踐」結合得更密切（以上是根據巴斯摩

10 見Russell, *History of Western Philosophy*, p. 630。按：羅素此書雖極多偏見，但論洛克則較少此病。

11 見"Philosophy as / and / of Literature," John Rajchman and Cornel West, eds., *Post-Analytic Philosophy* (New York: Columbia University Press, 1985), pp. 63-83。

〔Passmore〕《近百年的哲學續篇》頁一〇至一一的概括敘述）。不過這一發展的結果是哲學融化在各專門科學之中，哲學和專門科學之間的界線已難以截然劃分。在「專門化」一方面，分析哲學的工作似乎尚大有前途。但這種專門化的哲學不僅非一般人所能瞭解，即同是「哲學家」，如果研究範圍不同，也不免隔行如隔山了（巴斯摩便特別強調這一點）。

廣義的「理論與實踐」是指哲學作為一門學術的全體與整個人類所迫切關懷的問題之間的關係。普南曾指出分析哲學有三個特點，其第三點是：

> 分析哲學長久以來都把價值理論看作第二流的哲學。對於文學、藝術、文化、文化史的關懷，分析哲學家認為最多是可有可無的。直到一九七一年羅爾斯出版《正義論》以後，這種情況才開始有所改變。[12]

這當然因為分析哲學一向是以知識論為中心，而知識又特指科學知識而言。所以就全面的「人的關懷」（human concerns）而言，分析哲學是和「實踐」脫了節的。羅爾斯的《正義論》之所以引起重視正是因為它接觸到西方人所最關切的一個價值問題，使哲學研究和實際生活發生了關聯。但此書的成功則又如羅蒂所說，並非受分析哲學之賜（羅爾斯自己也特別強調，道德理論是獨立於分析哲學中有關語言和知識論的研究之外[13]）。有人曾問過蒯因，「哲學是不是和一般人民脫節了？」他不但坦然承認，並且視為當然，因為他根本否認哲學家有什麼辦法可以幫助社會獲得平衡穩定。[14] 這是西方為知識而知識的傳統，也不失為一種正常的態度。但由此可知至少蒯因並不為分析哲學與實踐脫節做辯護。評者說分析哲學吸收各種科學知識以後「回頭重建對知識、宇宙、倫理、社會的看法」，雖然動聽，恐怕只能算是門面話。這不但在事實上為不可能，在理論上也無以自立。經驗研究是沒有終止的一天的，我們等到什麼時候才「回頭重建」呢？在未「回頭重建」之前，我們在知識、宇宙、倫理、社會各方面的看法上是不是能夠停止在完全空白的階段呢？評者也許會說，根據蒯因的整體的知識論觀點，我們不是已有了一條「船」嗎？所以下面讓我們接著談談「船」的問題。

六、蒯因確曾引過紐拉特（Otto Neurath）的「船」的比喻。但紐拉特的「船」是

---

12 *Realism and Reason: Philosophical, Papers,* vol. 3, p. 180.

13 見John Rawls, "The Independence of Moral Theory," *Proceedings and Addresses of the American Philosophical Association* 48 (1974-75): 5-22。

14 見W. V. Quine, "Has Philosophy Lost Contact with People?" *Theories and Things* (Cambridge, Mass.: Harvard University Press, 1981), pp. 190-93。

指科學而言，蒯因以哲學與科學無分別，故說哲學家和科學家同在一條「船」上。[15] 這正是上文所說的「科學主義」的問題。今天專治科學史和科學之哲學的人如孔恩（Kuhn）、普南、亥金（Ian Hacking）等正在爭論科學是不是只有一條「船」。這些人的正面意見雖不一致，但至少都懷疑有一個「統一的科學」（unity of science），蒯因的看法正在受到挑戰。[16] 如果我們把人文科學的知識也包括在「科學」之內，則統一的問題便更嚴重了（按：亥金欣賞法國傅柯所提出的「discourse」和「episteme」等觀念。他認為若加以適當的界定，這些觀念將有助於說明科學推理[17]）。蒯因的哲學也有其「前提」（presuppositions）；這些「前提」則不是任何精巧的專技所能「證明」的。一條「船」之喻即是他的「前提」之一。所以普南現在已修改了這個「船」的比喻。他認為：第一、這條船不能只載科學，他願意把倫理、哲學、以至整個文化都放在船上。第二、他所設想的圖像也不是一條船，而是一支船隊（a fleet of boat）。每條船上的人當然都隨時修補而不是全部拆掉他們的船；同時各船的人也都互相提供補給和工具，並彼此及時發出警告。但有時某一條船上的人不喜歡他們的船，也未嘗不可轉到另一條船。甚至其中某一條船沉了或整個放棄了，那也沒有關係。因為既是一支船隊，各船之間距離不遠，呼救總是來得及的。[18] 這個船的比喻的轉換大概也是超越分析哲學的一種象徵吧！

七、我在前文中用「相輪」之喻，認為分析哲學過分強調語言和分析。我的用意並不是取消「分析」，而是不贊成「過分」。關於西方一般知識分子厭倦名相分析的遊戲，我所根據的並不是少數耶魯哲學系學生，而是麥奇（Bryan Magee）一九七五至七七年訪問當代哲學名家時所透露出來的消息。麥奇出身牛津，先後在牛津和耶魯教過哲學，對於哲學界情況是十分熟悉的。他在向柏林、黑爾（R. M. Hare, 1919-2002）和威廉斯（Bernard Williams）等人提問題時，曾一再地說：「行外的人」（layman）、「非哲學家」（non-philosophers），甚至「較年輕的哲學家」（younger philosophers）都對於以語言、概念分析的方式研討政治、社會、道德問題，感到不耐。[19] 評者則十分肯定地說英美分析哲學現在「完全不是那回事」。我必須承認，外行的人的確無法判斷在這兩種

15 見*Word and Object*, pp. 3-4。

16 見*Post-analytic Philosophy*, pp. XVIII-XXII及第三部所收各文。

17 見*Post-analytic Philosophy*, pp 149-150。他又有"Five Parables"一文，其中立專節討論傅柯。見Richard Rorty, J. B. Schneewind and Quentin Skinner, eds., *Philosophy in History: Essays on the Historiography of Philosophy* (Cambridge [Camgridgeshire]; New York: Cambridge University Press, 1984), pp 119-24。這也是歐陸思想與分析哲學匯流之一證。

18 見*Realism and Reason: Philosophical, Papers*, vol. 3, p. 204。

19 見*Men of Ideas*, pp. 20; 153-54。

相反的看法之中，究竟誰的話更可信。不過英國分析哲學界的重鎮達默特（Dummett）最近推崇弗雷格（Gottlob Frege, 1848-1925）所建立的哲學研究的典範時曾說：

> 從弗雷格開始，哲學研究的正當對象才終於建立了起來：第一、哲學的目的是「思想」（thought）結構的分析；第二、「思想」的研究與「思維」（thinking）的心理過程必須嚴加區別；最後，分析思想的唯一適當的方法便是語言分析……這三點基本原則是全部分析學派所共同接受的。[20]

我不能斷定他的說法在哲學上是否穩妥，我只能說，他的說法似乎證實了我關於「對塔說相輪」的歷史觀察。讓我再補充一句，達默特自己也深知他的論斷是會引起爭論的，所以他對懷疑者只有一個答案：讓時間來證明。事實上，這是他個人的哲學「前提」，也就是荀子所謂「見」（vision），至少暫時是無法證明或否證的。

八、語言的「意義」自然和人生的「意義」不是同一事，但畢竟語言和人生有關。後期的維根斯坦強調研究語言必須注意「生活方式」是大家都知道的事實。邏輯實證論者最初建立意義標準，其主要目的之一便是要摧毀形上學，因為其中有關「人生的意義」的語言都是無「意義的」（即指「科學認知的意義」），這個「意義標準」訂得太狹，後來已被放棄了，但語言分析的興起則顯然與之有關。與分析哲學同時，歐陸哲學也發生了「語言轉向」，海德格即是一著例。海氏也注重對日常語言的分析，但他的目的不是研究語言的本身，而是以為語言可以顯現人的存在問題。從表面上看，他和注重語言的分析哲學家如維根斯坦及萊爾（Gilbert Ryle, 1900-1976）幾若南轅之於北轍。然而近來的研究顯示，維根斯坦對海德格所說的「Being」、「Dread」的意義有深刻而同情的瞭解。萊爾是英語哲學界最早評論《存在與時間》（*Being and Time*）的人，雖推崇其書為現象論的重要貢獻，但又判斷它將導向重大失誤。出人意料的是現在竟有人指出他的語言分析名著《心的概念》（*The Concept of Mind*）在深層處曾受到《存在與時間》的重要影響，而他本人對此說也似乎不能完全否認。[21] 若再就近來歐洲詮釋學在英美人文科學方面的影響而論，則兩種不同「語言」傳統的互相激盪似更為明顯。[22] 我說「匯流」並不表示完全沒有衝突。泰萊（Charles Taylor）最近討論「意義」的理論，即根據

20 見他的論文集*Truth and Other Enigmas* (London: Duckworth, 1978), p. 458。

21 詳見Michael Murray, ed., *Heidegger and Modern Philosophy: Critical Essays* (New Haven: Yale University Press, 1978) 所載Ryle, Wigttenstein, Ross Mandel及Michael Murray各文。

22 詳細書目可看Passmore, *Recent Philosophers*, pp. 129-30。

德國傳統（包括海德格）來攻擊英美真理條件的語義學。[23]但今天仍處在雙方「匯流」的初期，將來如何發展是無法預測的。我在前文所說的話難免有很多不妥當的地方。但是我只是從思想史的觀點，報導了一些事實。其中個別的論斷都是行內人自己所提供的。這些論斷是否都可接受，當然可以有辯論的餘地。不過我只能對事實的報導負責，至於論斷本身則只有請評者和原作者直接商榷了。

最後，讓我再報導兩位分析哲學家的意見，作為上文關於西方思想界「思變」、「求變」的補充證據。丹陀在一九八〇年論分析哲學時指出：分析哲學的歷史是一連串的「失敗的改革」（failed reforms）。分析哲學的基本假定是所謂「概念分析法」（analytic of concepts），即為各門科學提供一種共同的「概念的分析」。但這一假定又是建立在三個預設之上：一、第一序討論（first-order discourse）和第二序討論可以嚴加分別；哲學家所做的是後一種工作，即其他科學中的「後設」工作。二、預設第一序討論和客觀世界之間是一種「表象的關係」（representational relation）。三、我們可以在每一個第一序領域（按：自各門科學）內都找得出一套如實表現世界的共同的原始概念。但是這些預設經過不斷的檢討和改革之後，最後證明無一可以成立。[24]

普南在一九八四年評艾耶爾（Ayer）的《二十世紀的哲學》（*Philosophy in the Twentieth Century*）時對為什麼必須超越分析哲學的理由有明白的陳述。他的原文值得譯出來：

誠然，分析哲學有重大的成就；但這些成就都是負面的，像邏輯實證論一樣，分析哲學的成功在於摧毀了它在一開始時所想解決的問題。它的每一個解決問題的努力，甚至連說明究竟什麼才能算是對於該問題的一種解決，都已失敗了。

這一「解構」（deconstruction）是一個不小的思想成就。我們看到：企圖發現「宇宙間何所有」（The Furniture of the Universe）的各種大計畫一個個地都失敗了；但就在這個失敗的過程中，我們對於我們的概念和生活也增加了大量的知識。可是分析哲學今天還不肯承認自己只是哲學史上的一個大運動——其實它正是這樣一個已成過去的（「was」）大運動——而仍然自以為即是哲學的全部。這種自負逼使分析哲學家不能不對「宇宙間何所有」的問題繼續提出新的「解決方案」——但這些方案已變得愈來愈古怪，而且在哲學界以外已引不起任何人的興趣了。這樣一來，我們便看到一

---

23 見他的"Theories of Meaning," *Proceedings of the British Academy* 66 (1980): 282-327。又Passmore前引書頁一三一也引及。

24 見Arthur Danto, "Analytic Philosophy," *Social Research* 47.4 (Winter 1980): 915-16。

> 個弔詭的現象：就在分析哲學被承認為世界哲學的「主流」的時刻，分析哲學已走到了它的計畫終點——是此路不通，而不是計畫的完成。[25]

必須說明，我在此仍只對事實的報導負責。我在本文中屢引普南，並不表示我奉他為權威。事實上史學研究是只認證據而不認權威的。但是在我所提出的「分析哲學家」之中，普南好像是評者唯一能夠接受的證人。所以我便不能不多引他為證了。

總之，評者這篇文字是誤解的產物。但誤解也許起於我的原文過於簡略，故藉此機會略做補充。據評者自稱，他們是行內人。大概是由於敬業之心太切，他們不免因誤會而觸動了情緒，以致忘記了分析哲學的基本戒律。這篇文字中有許多只有情緒意義，而無認知意義的語句。例如他們把耶魯學生不滿意分析哲學歸咎於耶魯哲學系在北美哲學界不是「主流」，對於歐陸哲學加上種種輕鄙的刻畫，斥伯恩斯汀（Bernstein）為「空疏簡陋」，說中國文史哲不分是「一場學術災難」等。這些話只能看作評者情急失言，不必認真去分析了。我很同意評者在中國提倡分析哲學的想法，尤其同情他們要在中國思想界「培養謙遜與自重」的意願。這確是行內人無可旁貸的責任。我今後但願做他們的一個忠實的讀者。

一九八六年四月六日於美國康州之橋鄉

後記

前幾天在《紐約時報》（一九八六年四月二十五日A18）上偶然讀到一篇有關思想動態的報導，恰好可以證實我在〈對塔說相輪〉中的觀察，特附記於下。

這篇報導是坎貝爾（Colin Campbell）寫的，所報導的是關於賓州（Pennsylvania）的布林莫爾學院（Bryn Mawr College）的一群人文學者所組織的一個以「詮釋」（Interpretation）為中心的研究會。布林莫爾學院是一個私立的女校，但在人文教學和研究方面一向享有很高的聲譽。現在這個研究會的主要目標便是要打破人文、社會科學方面的專門化的取徑，而走向跨學科的貫通之路。他們不但自己定期集會，彼此交流觀念，並且正在籌畫一個新的教學課程，名為「詮釋與人文研究」（Interpretation and

25 Hilary Putnam, "After Empiricism," *Post-analytic Philosophy*, p. 28.

Human Studies）。研究會的成員則來自各種學科，如文學、哲學、人類學、藝術史等。

但更值得重視的是這並不是布林莫爾學院一校的孤立現象。事實上，這一追求貫通人文、社會科學各部門的學術運動在美國各大學中已風起雲湧。西岸如加州大學柏克萊及聖塔克魯茲分校和史丹福大學，中部如芝加哥大學，東部如耶魯、約翰霍普金斯理衛斯理（Wesleyan）等校，南方如維吉尼亞大學等，都出現了同樣的動向。此外美國近幾年來又有一些新的人文學報的崛起。如由柏克萊英文教授所創辦的《Representations》和芝加哥大學出版的《Critical Inquiry》，都以追求「貫通」與打破「專門化」而成為極熱門的刊物。

美國思想界之所以有這樣劇烈的變化，一方面是因為專技性的分析哲學在人文領域內的影響力已愈來愈小（如本文中所引普南所說），另一方面則是由於受到歐陸哲學的衝擊。歐陸哲學不是與自然科學結盟，而注重「人的科學」（human sciences，即所謂 Geisestwissenschaften）。在人文研究的領域內，過分嚴格的專門化則已顯出弊多於利，使思想陷於偏枯。《紐約時報》的原文說：「Specialization has become a crippling problem.（專門化已經變成一個嚴重的問題。）」因此在尋求新的思想動向的學人們看來，只有打破狹隘的專科界線、跳出專技的陷阱，才能對人的問題獲得整體性的理解，而不致流於鹵莽滅裂。唯有如此，才可望教育出更好的公民。近年來不少有聲望的人文學報已落在受歐陸思想影響的學人之手。最初大家對此現象頗不能適應，但現在則已視為當然。科際溝通的人文學術會議已愈來愈獲得各種經費的支援了。在這一追求貫通的學術思想運動中，歐陸和英美兩支思想的匯流是一個極其突出的特色。以布林莫爾的研究會和新課程為例，其中包括了來自歐陸的各種流派如文獻詮釋、超結構主義、解構論（Deconstruction），也包括了英美的「超分析哲學」（Post-analytic philosophy）。更值得指出的是這些代表新動向的學者幾乎異口同聲地表示，他們最希望知道的是其他相關學科關於語言、知識和文化的解釋。總之，我在〈對塔說相輪〉中所提出的一般性的觀察竟大體上在這篇事實報導中得到了經驗證據的支持。報導中特用「超分析哲學」尤其顯示出：今天在美國一般人文學者的心目中，分析哲學已經被超越了。這一點和本文所引拉奇曼（John Rajchman）和衛斯特（Cornel West）所編《超分析哲學》（*Post-Analytical Philosophy*）一書（編按：見註釋11）尤足相互呼應。文、史、哲、社會科學不能「分家」到互不通問的地步，正是西方思想界的最新動向。中國以往的學術傳統注重專家與通識相濟，經、史、子、集雖分支而仍同宗通譜。這和西方人文教育的傳統大致相似。但現在這種種統合的趨勢又開始抬頭了。這是很值得我們注視的。至於這一新動向究竟將引出何種具體結果，一時當然還看不出來。

最後，讓我再說明一次，我引用這篇報導仍在於說明思想史的發展，不是表示任何價值判斷。對於英美和歐陸的兩大思想傳統，我也仍然是「論」而不「斷」。從史學家的觀點看，各種思想流派都不免有得有失，未易一言以蔽之。中國思想界的工作者不妨各就興趣和性情之所近擇善而從之，但絕不應盲目地變成任何西方一家之言的精神俘虜。中國舊學術傳統中已有了太多的「門戶」之見，如果再依傍西方的某一「門戶」以加深原有的「出主入奴」之習，那便未免十分的不智了。

一九八六年五月二日補記

校後補記

在校讀本文的時期，我偶然讀了布魯姆（Allan Bloom, 1930-1992）那部轟動一時的暢銷書——《美國心靈的封閉》（*The Closing of the American Mind*）。[26] 這是一部檢討美國高等學府中一般思想潮流的書，可以和羅蒂〈美國今天的哲學界〉一文相互補充。讀了這部書以後，我才瞭解德國哲學侵蝕美國一般思想界不但無遠弗屆，而且由來已久。尼采、馬克思、海德格一系思想在最近一、二十年中的氾濫是早有根源的。英、美一系的分析哲學幾乎從來沒有發生過社會影響力。最令我詫異的是，早在第二次大戰結束之時，美國大學哲學系中所進行的學院式的研究，包括其最擅長的方法論和實證論，已使人厭倦不堪。當時對歷久而彌新的問題有深厚興趣的大學生因此都離開哲學系而轉向社會科學的園地中去了（見布氏書，頁一四八）。我們必須記得，以專業觀點言，四〇年代中葉正是分析哲學如日中天的時代。所以分析哲學的專技成績雖然很大，但它確是自始便和一般知識界脫了節的。

一九八八年八月十七日

26 *The Closing of the American Mind,* (New York: Simon and Schuster, 1987.)

從科學民主到人文民主

今天選〈從科學民主到人文民主〉這個題目，因為講座是以羅家倫先生名義設立的。羅家倫先生是五四運動大將之一，在胡適之先生領導之下，〈五四學生運動宣言〉就是羅家倫先生寫的。他跟傅斯年、顧頡剛幾位先生，都是胡適的入門弟子，共同發動了新思想運動。不僅是白話文運動，也是思想運動，當時叫作「新文化運動」。羅家倫先生的重要性在此。

五四到今天正好一百年，這場演講也可以說是五四百年紀念。用羅家倫先生名義設立的漢學講座來紀念五四百年，是非常適當的，現在我先簡單介紹一下羅家倫先生。

羅先生是多方面的學者，他不是專家，不像顧頡剛是中國古史專家，傅斯年是領導史語所的專家。他是中國過去所稱的通才，現在則說是人文修養卓然有成。人文修養是我今天講話的重心，這也要從五四講起。

五四有兩個最重要口號，一是科學，二是民主。一九一九年以後，兩種追求都在中國緩慢進行。許多人，特別是知識人，都以二者為追求目標。過程很艱難，因為科學不是一天兩天就可以趕上，民主更需要社會結構經過大調整，很不容易。何況在英國、日本各種帝國主義侵略之下，一九一九年後的中國也沒有很多機會發展科學和民主，只能緩慢進行。

回頭看三〇年代的言論，當時知識界以北京大學為主體，還有清華大學、燕京大學、南開大學，還有南方的復旦大學，都在進行科學研究，也都對民主興趣濃厚，還發生一段民主跟專制的爭辯，[1]在此不能細說。但一九四九年，國民黨政權在中國失敗，被趕到台灣來，這段發展就在中國大陸中止了。

國民黨到台灣以後，民主跟科學還是知識界最嚮往的東西。舉一個最明顯的例子，就是一九四九年成立的《自由中國》半月刊，發行人就是胡適，執行社長是雷震，寫作者有台大教授殷海光，他是清華大學金岳霖先生的學生，算是五四的後一代。所以《自由中國》等於是五四運動的第二次開始，這次是在台灣。

這個一九四九年開始的第二次五四運動，後來是一九九六年告一段落。它基本上完成五四的兩個理想，至少是初步完成。台灣科學到了二十世紀末期，跟世界接軌不是問題了。台灣民主雖然不是說達到完美境界，但是一人一票，總統直選，算是完成民主程序了。

但是一個時代結束以後，要開始另一個新時代。這時需要提出新的問題：在民主與科學已經基本實現以後，再來的民主社會需要怎樣的精神支持？民主不能沒有精神價值，這個精神價值是什麼？

五四時期說是科學，要用科學方法研究一切，包括人文，同時把各種自然科學都介紹到中國來，但這階段已經過去了，現在應該追求什麼？

現要講到今天的主題，我要把五四追求的科學與民主，改成人文與民主。民主需要一種人文精神的支持，我認為台灣已進入應該實現「人文民主」的階段。我說的人文不是指Humanities（人文學）或Social Sciences（社會科學），不是哲學、文學、史學或者是社會科學那些，那太窄了。我指的是一種文化，民主背後不能沒有的一種文化。

這種文化可以是中國傳統儒家的人文主義humanism，也可以是古希臘以來的自由、人權傳統。民主背後沒有這種文化，是成長不起來的。文化是精神價值，民主則是實際

1 顏註：指一九三三到一九三五年，發生於《獨立評論》的「民主與獨裁」論戰。蔣廷黻、吳景超、丁文江都是胡適友人，都撰文指出中國正處於非常時期，又民智未開，所以需要軍事強人。獨獨胡適連撰多篇文章，主張民主憲政。

運作，二者缺一不可，必須同時並行，互相刺激。這不是我個人的設想，而是根據多年來我閱讀西方社會發展所得到的一種看法。

我在五〇年代讀過杜威。杜威說民主不只是一種政治型態，也是一種生活方式，也就是文化。所以民主不光是一種制度。一人一票，問題靠開會解決，這些只是形式，是次要。重要的是精神，也就是所謂的民主文化，或說民主生活方式。後來許多思想家都就這思路提出新的見解。

例如黃進興先生很喜歡的哈佛哲學家約翰．羅爾斯，在《政治自由主義》（*Political Liberalism*）一書就提出，民主需要「背景文化」（Background Culture）。一人一票只是「量」，但民主還需要有「質」。民主要提升品質，就需要一種新的人文文化。這就是我講的「人文民主」。

這種「人文民主」是不排斥科學的，因為已經包含在內。英國知名文化記者彼得．華特生（Peter Watson）有寫一本《現代心靈》（*Modern Mind*），是一本二十世紀思想史，書中指出在二十世紀中葉，大概六〇年代，科學文化就慢慢取代人文文化，取得社會的主導地位。比如說，以前英國政策主管多半是人文學者出身，六〇年代以後由於科技科學的發展，不得不由科學家來主持。轉化過程發生了爭執，因為社會是兩種都要，就有了「兩種文化」之說。可是照彼得．華特生的分析，二十世紀末出現一種新的綜合，他稱之為「新人文」（New Humanities）。[2]這個「新人文」也融入了科學，成為一種新的文化背景。

如果沒有這樣一個背景，民主發展會有各種意想不到的挫折。我才特別強調今天台灣需要結合人文與民主。民主不能光談選舉，不能光談一人一票，還需要一種支持自由人權的新文化。

羅爾斯就有一個說法，社會要先有一個重視正義的文化，人民才會願意接受正義，這在西方是希臘以來就有的。

又如，人權觀念是十九世紀末才傳到中國的。今天大家認定人權是普世價值，不分民族、文化、傳統都已接受這種價值，只剩下共產極權國家還在拒絕。

更深的問題是：什麼樣的人文文化才有利民主發展呢？這就涉及人的問題了。民主不能沒有人領導，需要有人做總統，有人做行政院長，有人在各種領導崗位上發揮作用。領導者不見得偉大，卻是必要。

這就要講到我在一九八〇年代讀到的一本書。[3]作者是曾任甘迺迪總統顧問的知名

2 顏註：《現代心靈》一書結語，有一小標即「新人文與新正典」。

3 顏註：指一九八六年《美國歷史的循環》一書。「菁英是所有社會都不能少」出現在十四章第五節。

歷史學家小亞瑟．施勒辛格（Arthur M. Schlesinger, Jr.）。他爸老亞瑟．施勒辛格也是歷史學家，在哈佛教過我爸，是我很早就知道的名字。但我是去香港才知道兒子名氣更大，影響也更大。小施勒辛格在書中寫說，知識菁英（intellectual elite）是所有社會都不能少的，連民主制也需要菁英。這種菁英應該要有人文修養。這裡，他引述的是中國人比較熟悉的白璧德。

白璧德英文名字是Irving Babbitt，是吳宓、湯用彤、陳寅恪在哈佛時期都有往來的教授。他懂梵文，也推崇孔子。他有一本有名的書《民主與領導》（*Democracy and Leadership*），講說民主離不開有人領導，這位領導必須要有很高的人文修養。他所謂的人文修養包括社會科學、科學、人文學在內的基本常識、基本理解，不然無法做領袖。

吳宓、梅光迪在哈佛都是白璧德的學生，回中國來創辦了一本刊物叫《學衡》，以東南大學為根據地，也就是後來的中央大學。《學衡》注重古典，專跟提倡新文化的胡適唱反調。即使在美國，白璧德也被貼上落後的標籤，甚至有人說是反動。沒想到進入八〇年代，連自由派的小施勒辛格也認定其觀點是不能忽略的了。

白璧德寫說，中國政治一大特色就是強調主政者本身要有修養，不光提出觀念，還要實踐，用的英文字是exemplification，就是以身作則。不像西方，亞里斯多德以來都是觀念發達，包括科學概念。領導人如果不能以身作則，光談一些空洞概念，是沒用的。

所以他主張，政治走向民主化以後，要兼顧觀念發展與實踐，前者是亞里斯多德，後者是孔子。二者要配合。

這種說法在今後，應該是會慢慢受重視的。過去西方都認為法治很重要，人不重要。中國正相反，只看重人治。其實中國也不是不看重法律。《孟子》有一句：「徒法不足以自行。」只有法令，法令是沒辦法自己運作的，運作還是要靠人。黃宗羲《明夷待訪錄》更進一步：「有治法而後有治人。」如果人不能忠實地把法實踐出來，是沒用的。也就是說，民主背後要有一種精神動力，也就是我所謂的「新人文」。

回頭講羅家倫。他從北京大學做學生開始，就對中國、西方、古典、現代文化都具有相當修養，否則也寫不出〈五四運動宣言〉。他不算專門學者，專門學問上沒有大成就，但有一個大貢獻：他三十歲左右就做了清華大學校長，雖然只做兩年，卻把清華從一所留美預備學校，變成中國最好的大學。這點是大家都承認的，他知道誰是最好的教授，必須請來清華，像蔣廷黻就是他從南開請到清華的。陳寅恪也在清華，後來非常惋惜羅家倫從清華離開，說清華以後要找到這樣一個校長是不容易了。為什麼不容易？陳寅恪解釋說，是因為羅家倫對於中國學問、西方學問，雖然不是專家，卻都知道門徑。這就是我說的修養。就是知道基本門路，知道走哪些路可以得到你想要的知識。這種修養在你工作的時候可以到處發揮作用。

羅家倫跟學術發展的關係，這裡不能細講。我很感謝羅久華女士把他的著作給我看了。他在文學、哲學、史學方面都有造詣。比如說蔣廷黻沒有到清華以前，清華沒有人教中國近代史，羅家倫自己就出場了，教了半學期。後來他在中央大學做校長，做了十年，也把中央變成中國第一流的大學。

到台灣以後，當然他沒有發生大作用。[4] 但是，本來在中國慢慢發展的民主跟科學，後來在台灣可以完成，跟其他來台灣的五四學人大有關係。

像胡適，來台灣擔任了四年的中研院院長，就有發揮大作用。胡適先生也不光是一門學問的專家。不能只把他看成是《中國哲學史》上冊或某些論文的作者。他是一位有特殊人文修養，也很有領導能力的學者。你看胡頌平編的十大本《胡適之先生年譜長編初稿》就可以看出來。

再來是新的時代，人文要求比過去高很多。台灣民主今後的發展，一定要偏重人文。

尤其台灣今天面臨很大的危機，隔海的中共政權隨時準備把台灣拿下。方式並不是全靠武力，而是各種運作。共產黨最厲害就是它的統戰無所不在。胡適一生不受共產黨影響，主要是靠人文修養。他能看到共產黨一舉一動背後目的何在。這種人文修養對於今天台灣社會、政治、文化上的領導人物，也就是我剛才說的菁英Elite，是特別重要的。

比如說，最近發生在香港的事，香港中學生、大學生都強烈反對共產黨用立法手段把香港收為己有。台灣很多學生支持，也有些台灣人不支持。這就是判斷的問題。大家想法不同是必然的，但判斷最後必須依據人文修養、人文知識。缺少這些，台灣要應付共產黨就會越來越困難，看不出它的統戰手法，也不懂它的統戰用意。

許多人只想賺錢，卻不在意共產黨怎麼影響我們民主生活方式。大陸的錢在全世界發揮作用，遠在權力之上。《紐約時報》常報導，許多支持弱小民族的西方人，今天都不說話了。共產黨在新疆，對維吾爾族是上百萬、幾百萬人的大規模迫害，西方卻沒人肯說一句話，至少政府不鼓勵，像法國、英國都保持緘默，原因何在？就是怕共產黨不跟你做生意，這是很大的危機。

香港學生則展現香港本身具有一種人文傳統、文化傳統。我在香港住過八、九年我知道，香港一八四〇年就歸英國管理了，是英國殖民地。英國在香港沒有建立民主制度，連政治學都不許教，英國卻有給香港一個東西，實實在在的，就是自由。我當年從大陸一到香港，最感覺驚奇的，就是各種各樣的言論都有報紙，都有雜誌。因為英國在

---

4 顏註：羅家倫來台後，擔任過考試院副院長、國民大會主席團主席、國史館館長，一九六九年過世。

自由方面完全不限制香港。殖民地不能跟帝國爭民主，自由卻是存在的。一九四九年南來的學人在香港辦了許多學院，留下一種人文傳統，在香港校園無形中起了很大作用。所以今天香港學生完全不受共產黨意識型態的蠱惑，能夠抵抗民族主義的號召。

民族主義的號召現在是共產黨的最大武器。民主、自由、人權這些訴求，一碰到民族主義就沒人理會了，好像中國人現在還不到講自由、民主、人權的時候，必須等國家強大再說，為了國家強大願意付出任何代價。這是共產黨想要的作用。香港卻行不通。香港人當然也有支持共產黨的，像特權階級，搞政商關係的，在中國賺大錢的，但這些人不會是多數。七百萬人的城市有兩百萬人出來，參加反送中遊行，表達他們對中國的無法放心、無法信任，這就是自由教育、自由文化發生的作用。

台灣問題是在國民黨長期執政下，一直都有思想控制，雖然有人爭取自由民主，但還是比較少數。多數都只在政權允許的範圍之內發表議論。言論過頭的，雷震是關起來，《自由中國》則封掉。所以在自由文化的發展上，台灣可能不及香港。

現在要從反面談一談。如果有民主制度，有選舉，卻沒有足夠的文化背景，或說背景文化background culture，會怎樣呢？我可以很武斷地說，沒有文化在背後支撐，民主會變質、會中斷，這不是我信口開河，這裡舉幾個明顯的例子。

蘇聯大概一九九二年等於崩潰了。當時俄國青年非常高興，以為要看到公民社會在俄國出現，他們當時是想從極權變民主的。當時俄國最重要的領袖（顏按：葉爾欽），也就是後來普丁的老闆，跟美國總統有很多交往，的確是想走民主的路，連經濟改革也想走美國的路，所以才聘請兩到三位哈佛經濟學教授去幫忙設計。[5]當時一度看來，俄國要走上民主化了。可是不久普丁上台，他是格別烏出身，原是特務系統的要人，長久浸淫在極權制度裡。他的目標不是民主，而是建立獨裁。演變結果就是今日所見，雖然有選舉，卻用各種方式控制當選者多數支持他。這不表示他已經隨心所欲，最近不就看到老百姓因為生活不好，上街抗議了？

再看看中東，埃及屬於伊斯蘭宗教區域，二〇一一年爆發大規模示威，就發展出民主選舉。在民主體制下，宗教照理說只能支配人民生活方式，埃及卻走回專制的路，總統又受到挑戰，不停止軍事專制，一時也看不出會有什麼大的變化。這是民主缺乏文化支撐，發生逆轉的另一例。

再看看土耳其。土耳其一直都有選舉，今天卻以專制聞名。（顏註：迫害異議人士。）總統照理說應該支持世界上所有被迫害的回教徒，比如新疆的維吾爾人血緣跟土

5 顏註：涉入俄國經濟私有化過程的所謂「哈佛男孩」（the Harvard boys），最有名是Jeffrey Sachs教授，另外還有Andrei Shleifer與Jonathan Hay。

耳其那麼近，但土耳其總統卻從來不對中國說什麼抗議的話，私下講不講我們不知道，公開是沒有的。如果是民主國家對回教徒有類似迫害，比如是法國、英國或美國，他抗議的聲音一定會大得不得了，是吧？

順便談一下中國大陸的情況。台灣不能跟大陸分開。我並不是要講統一不統一，這問題我不提的。我是指，大陸跟台灣關係密切，都是所謂的很廣義的中國人，都用同樣的語言文字，只是制度完全不同。台灣危機所在，就是誤以為共產黨已經不一樣了。

毛澤東死了以後，中國當然有發生大變化。鄧小平領導改革開放，一度相當誘惑人，讓別人誤以為中國可能走上民主的路。在八〇年代，中國知識界的尤其是知識青年都非常興奮，以為民主指日可待。後來發生一九八九年六月四日的天安門大屠殺，共產黨的面目就出現了。鄧小平想要糾正毛澤東的片面錯誤，這點是不錯的。毛澤東認為政治就是一切，權力大於金錢，完全靠權力把共產黨引導到所謂的文化大革命，其實就是文化大破壞。到了一九七五、一九七六年，農民耕田都成問題，生產的能力都沒了，餓死的人相當多。鄧小平看到這些，認為共產黨可以專制，但不能讓老百姓活不下去，這是他改革開放的原因，要從經濟著手，使中國走向另一個階段。改革開放是經濟性的，不是政治性的，政治上一點也沒開放過。

我讀過很多跟趙紫陽有關的文獻還有回憶錄，也讀過許多胡耀邦的說法，兩人都真正想走民主開放的路，所以都被逐出中央，因為都違反鄧小平最根本的想法：權力永遠不能脫離共產黨。經濟權力可以下放給地方，但還是抓在黨手裡，沒有要跟私有企業共享。在八〇年代，很多的西方還有台港兩地的觀察家，都以為中國要出現私有企業為主的市場經濟。當時，國營企業許多已經開始倒閉，更給人印象說國有企業遲早要被私有企業代替。六四以後江澤民接手，有一陣子放棄經濟改革，引起鄧小平的不滿意，所以才有一九九二年「南巡」，這是很大的事情。「南巡」就是鄧小平政治上即將退休，卻發表好幾場談話，強調改革開放不能停止，有個先決條件卻是從前沒講的，就是一定要在黨的控制下。

南巡以後，我們看到中國的確是有市場經濟，卻不是私有企業所能掌控。到現在為止，老實話，私有企業成功的，第一是非常少，第二是就算成功也要被清算，有些企業家還被關到監牢，有的則死掉了。像最近，年輕一代的馬雲也知難而退。所以我說共產黨不是西方說的「國家資本主義」（state capitalism），而是「黨資本主義」（party capitalism）。主體不是國家，而是黨，黨控制一切。這個詞還沒有人用，就是我的想法。

但我的想法也是有事證可以支持的。在中國能夠發財的，多半是黨本身的企業家，要不然就是高幹的親朋好友。沒有黨的支持，根本無法向銀行大筆借款，也沒辦法找到大批運輸隊伍。企業發展的手段全在黨的控制下。既然是黨為主體的資本主義，就不容許私有企業過分發展，發展起來的都是中型，不是很大的，而且都要跟黨有裙帶關係。這是共產黨現在的經濟策略。私有經濟那種單純的市場競爭，在中國是不存在的。

共產黨還有一個重要想法：不允許黨的企業變成個人化，即連私有企業也必須在黨的控制下。大公司都有黨部，到頭來最後決策者不是經理人，而是黨部主委。

很多人以為經濟已經放鬆，因為看到吃喝玩樂都沒問題。這一點的確跟從前不一樣，毛澤東時代是不能玩的，給自己多弄點菜也是資本主義。現在變成只要不挑戰黨，接受黨的領導，想幹什麼就幹什麼，所以現在妓女多，娛樂場所也多。

但要觀察黨的權力，要看貪汙。貪汙不是人不好，而是制度性的問題。你看每一個被打下來的人，從副省長、省長到部長，金額都是多少億。貪汙根本既普遍又全面，貪官被打下來則是政治原因。習近平上台後，就打掉周永康。周永康財產非常多，相關企業也多，他提拔的人都垮掉了，原因是黨的控制之下，重要企業只能歸習近平掌握，不能歸別人。從這個觀點出發，一定發展出新的一人專政，十年換一個人專政。過去江澤民是十年、十二年，[6]後來不得不換胡錦濤，因為胡錦濤是鄧小平事先指定的。胡錦濤十年過去，就換習近平。

習近平怎麼取得權力還值得研究。無論如何，他拿到政權後，一個明顯改變就是不再談十年換一個領導人，也不再談集體領導。所謂集體領導，就是政治局七個常務委員，或者是九個（顏註：胡錦濤時代），不管是九個或是七個，都有作用的。像周永康就是胡錦濤時代的集體領導之一，確實有權的。可是習近平時代就沒有集體領導了，他以外的政治局常委沒有真正權力了。例如現在有個常委叫王滬寧，只是給習近平領導做宣傳。

習近平要走毛澤東的路，一人專制，先廢除集體領導，再廢除十年換人，最後完全廢除任期限制。二〇一八年全國人大的最大消息，就是國家主席不再有任期限制，可以做到死。但是他死後怎麼換人接手，問題沒交代，也沒人正式敢提。習近平不可能活一萬歲，那下面是誰？怎麼接手？沒有交代，將來會大亂的。

這就是共產黨的現實情況。外面看的人要小心一點，就是不要以為它放任私人生活，好像無所謂，事實上他的管理是無所不在。比如在大學裡，所有教員上課，都有特定的學生在做記錄，記錄以後還要報告給黨，一言一行都在黨的控制下，不像從前可以隨便說話了。今天大陸的報紙，只要是中央不讓登的消息，沒有一家敢登。來訪問我的大陸學者都覺得不能忍受，但還是得忍受。

6 顏註：江澤民擔任國家主席十年，總書記十二年，軍委主席十五年。

外面的人只看到中國內部大家在賺錢，在吃喝玩樂嫖賭，就以為共產黨已經不是共產黨了，這是非常有害的觀念。台灣卻有不少人這麼想，至少認定共產黨跟以前不一樣了，不是那種可怕的共產黨了。其實，現在的共產黨反而更可怕，因為有辦法滲透。共產黨在台灣的滲透是大家都看到了，現在台灣還有人用它的用語在談問題。從前專講自由民主的《中國時報》，已經變成《人民日報》台灣版了。會有這種情況，我認為是人文修養還不足，不補起來，就沒辦法對抗共產黨無孔不入地想把台灣變成「人民共和國」的一部份。

很多台灣人好像不反對變成中國的一部份，至少我在台灣報刊上看不出強烈反對的傾向，讓我覺得台灣需要加強對共產黨的認識。加強方式就是必須要在文化各方面都要有相當的準備，無論是政治學、經濟學、哲學或者思想，尤其是史學。不是要當專家，而是要有起碼修養、起碼知識。就好比在美國，政府工作人員都應該具備基本人文常識，否則無法應付複雜社會的各種問題。

中國大陸會不會改變，會不會崩潰，這是不知道的，但是可能性非常高。我從前指出蘇聯差不多維持了七十年，後來《紐約時報》報導，實際是六十九年。今年中共是七十年。七十年前那個十月一日，我人在北京，因為不認同共產黨，沒去參加百萬人天安門集會，但是我知道一個最荒唐的事，就是民眾沒有地方小便，引起很多問題。可見共產黨非常匆忙要成立「共和國」，毛澤東才可以用共和國主席的身份去訪問蘇聯。目前共產黨看起來是最強大的時候，今年十月一日的天安門閱兵大典，展示各種新型武器，彷彿中國不再是任何國家能夠侵略的。可是問題不在這裡，蘇聯崩潰也不是軍事崩潰，而是制度讓人民沒辦法活下去。

我也講一講蘇聯的崩潰。他們最後一個美國對手是雷根，下決心要在軍事上跟他拚，拚命發展高級武器，逼得蘇聯也照做。蘇聯明明沒錢，導致經濟崩潰。蘇聯又沒什麼海外僑民在有錢地區。

中國一來經濟上沒像蘇聯那樣山窮水盡，改革開放又引來大量投資。六四以後幾乎所有外國投資都停了，偏偏香港、台灣還是有商人湧向大陸，使它經濟復活，得以迅速發展。這就是中共跟蘇聯完全不同的地方。

台灣人當初只把大陸看成市場，看成可以利用、可以發財的地方，不以為大陸經濟發展起來會對台灣有什麼威脅，這就是判斷問題。所以我要大家想一想：怎樣才能夠了解世界？了解世界才能了解中共，中共不是簡單就能認識的，也不能拿某一點加以誇張，就以為是全部。作為政治力量，中共不只沒消失，還比從前強大，只是現在學聰明了，知道有些地方不管也不會影響政權。

但中共如果只是想保住政權，也就罷了，問題是中共野心非常大，你看這次天安門閱兵大典，就明顯表明台灣是它隨時可以拿下來的。現在它如果動武，後果會非常大，但你也不能因此以為台灣很安全，以為它不敢打，這會是非常錯誤的算法和講法。中共其實是日夜都在算計，怎麼把台灣收歸己有。而它的算計是實際發生過錯誤的，就是香港。

香港今年的抗爭，最早是跟台灣有關，有個香港人在台灣殺了人，跑回香港，但沒法引渡。在討論引渡辦法時，中共就讓特首林鄭月娥提出修法，讓有些犯法的人將來也可以送去大陸受審，等於是想把香港的司法權力移交給中國大陸。香港人立刻發現這樣修法的危險性。林鄭月娥現在只能承認是自己的錯誤，不能說是北京的錯誤，但這種事不可能是北京沒給招呼的。這裡可以看出中共時時在算計，怎樣收回一切它認為是屬於它自己的權力。

先是香港，下一步當然就是台灣，方式是從內部滲透。還不只如此，中共還在南海造島，跟菲律賓、越南這些海洋國家發生衝突。它現在走的路，已經不像蘇聯那條，而是接近德國希特勒與日本在二戰前走過的那條。這種極權是不擴張就會發生危機，軍隊這麼多，不作戰的話，低層軍官永遠升不上去，為了滿足軍人，就要向外擴張。這是中共另外一個很大的危險，說不定什麼時候爆發，尤其在內部出問題的時候。

別以為中共發財了，大家都闊了，內部就沒問題了。事實上窮的地區還是非常窮，有些地區連吃飯錢都不夠。像西北、像甘肅一帶，包括中共起家的延安，生活都非常困苦。本來有近十億農民，現在好像減為五、六億，許多人跑到城裡找事。共產黨是怕農村的，因為它起家就在農村，搞游擊戰一開始就在農村。現在為了把農村控制在手上，就拆掉農民的房子，重新蓋大房子，把他們遷居到城市附近，卻害農民沒有了耕田。事實上到現在為止，所有土地還是在黨手上，沒人有土地所有權。這種情況下，這五、六億人農民的生活相當困難。外人不知這些困難，因為中國媒體不報導，也不准外人去採訪，這是共產黨一大危機，應該要引起台灣政治家、思想家、學者、觀察家深思，想想中國一旦危機爆發，台灣應該怎麼處理。

我覺得台灣這時需要的人文教養非常廣泛，要求也應該比其他國家更高，所以我希望台灣的人文和民主制度二者可以配合起來，慢慢向前發展。（編輯：顏擇雅）

編按

這是余英時最後一場公開演講，日期是二〇一九年十一月二十二日，場合是政治大學的首場羅家倫國際漢學名譽講座。他在開頭有先感謝政治大學郭明政校長跟文學院副院長楊瑞松先生為他安排這場演講。

形式是錄影直播，因為時間是台北時間上午十一點，等於美東半夜，所以余英時是下午先做預錄。地點在普林斯頓的ETS Chauncey會議中心。

余英時雖然早就重視人文，但要到這篇演講才第一次使用「人文民主」一詞。他也寫過多篇關於五四的文章，但要到二〇一九年，才第一次提出「第二次五四」的說法。不過，他四月發表在《思想》的〈試釋「五四」新文化運動的歷史作用〉，還有五月發表在《明報月刊》的〈五四：中國近百年來的精神動力〉，都只有寫說第二次五四的濫觴是一九四九年《自由中國》在台創刊。要到這場演講，他才第一次講說一九九六年總統直選算是第二次五四的結束。

知識叢書 1120

人文與民主

作　者——余英時
主　編——王育涵
特約編輯——蔡宜真
責任企畫——郭靜羽
美術設計——許晉維
內文排版——旭豐數位排版有限公司
總 編 輯——胡金倫
董 事 長——趙政岷
出 版 者——時報文化出版企業股份有限公司
一〇八〇一九台北市和平西路三段二四〇號七樓
發行專線——（〇二）二三〇六六八四二
讀者服務專線——〇八〇〇二三一七〇五　（〇二）二三〇四七一〇三
讀者服務傳真——（〇二）二三〇四六八五八
郵撥——一九三四四七二四時報文化出版公司
信箱——一〇八九九台北華江橋郵局第九九信箱
時報悅讀網——http://www.readingtimes.com.tw
時報人文科學線臉書——https://www.facebook.com/humanities.science
法律顧問——理律法律事務所　陳長文律師、李念祖律師
印　刷——勁達印刷有限公司
初版一刷——二〇一〇年一月二十五日
二版一刷——二〇二二年七月二十九日
定　價——新台幣三五〇元
（缺頁或破損的書，請寄回更換）

時報文化出版公司成立於一九七五年，
並於一九九九年股票上櫃公開發行，於二〇〇八年脫離中時集團非屬旺中，
以「尊重智慧與創意的文化事業」為信念。

人文與民主／余英時作. — 二版. — 臺北市：時報文化出版企業股份有限公司, 2022.07
面；　公分　-- (知識叢書 ; 1120)

ISBN 978-626-335-608-5（平裝）

1.CST: 學術思想 2.CST: 人文思想 3.CST: 民主 4.CST: 文集 5.CST: 中國

112.07　　111009016

ISBN 978-626-335-608-5
Printed in Taiwan